# ESCUTAS TELEFÓNICAS

**MANUEL MONTEIRO GUEDES VALENTE**
*Director do Centro de Investigação*
*Professor do Instituto Superior de Ciências Policiais e Segurança Interna*
*Professor Convidado da Universidade Autónoma de Lisboa*

# ESCUTAS TELEFÓNICAS

## DA EXCEPCIONALIDADE À VULGARIDADE

*2.ª Edição Revista e Actualizada*

ESCUTAS TELEFÓNICAS

AUTOR
MANUEL MONTEIRO GUEDES VALENTE

EDITOR
EDIÇÕES ALMEDINA. SA
Av. Fernão Magalhães, n.º 584, 5.º Andar
3000-174 Coimbra
Tel.: 239 851 904
Fax: 239 851 901
www.almedina.net
editora@almedina.net

PRÉ-IMPRESSÃO | IMPRESSÃO | ACABAMENTO
G.C. GRÁFICA DE COIMBRA, LDA.
Palheira – Assafarge
3001-453 Coimbra
producao@graficadecoimbra.pt

Julho, 2008

DEPÓSITO LEGAL
279393/08

Os dados e as opiniões inseridos na presente publicação
são da exclusiva responsabilidade do(s) seu(s) autor(es).

Toda a reprodução desta obra, por fotocópia ou outro qualquer
processo, sem prévia autorização escrita do Editor, é ilícita
e passível de procedimento judicial contra o infractor.

---

*Biblioteca Nacional de Portugal – Catalogação na Publicação*

VALENTE, Manuel Monteiro Guedes

Escutas telefónicas : da excepcionalidade à vulgaridade. – 2ª ed., rev. e actual. – (Monografias)
ISBN 978-972-40-3583-3

CDU 343

*Ao meu filho Gustavo
cujo sorriso e olhar enchem
o nosso coração humano*

# PREFÁCIO À 2.ª EDIÇÃO

As alterações legislativas relativas às intercepções e gravações de conversações e comunicações, operadas pela Lei n.º 48/2007, de 29 de Agosto, reforçam, na nossa opinião e na linha da excepcionalidade que há muito vínhamos defendendo, a tutela da inviolabilidade das comunicações, que é um direito fundamental autónomo e garante dos direitos fundamentais da *palavra falada*, da *confidencialidade da palavra falada* e, consequentemente, da *reserva de intimidade da vida privada*.

A discussão sobre o uso do conteúdo das escutas telefónicas em processos disciplinares, a questão do recurso das escutas telefónicas no âmbito da segurança interna e a problemática da sistematização da localização celular são temas desenvolvidos nesta nova edição, a par do registo de voz e imagem e da extensibilidade do regime a todos os meios técnicos de comunicação humana. Todavia, há brechas no texto legal que podem funcionar como válvulas de escape e de contorno legal da restritividade deste meio de obtenção de prova.

Esgotada, há muito, a 1.ª edição, e alterada uma das matérias mais controversas dos últimos tempos – as escutas telefónicas – e não obstante a restrição que se impõe no recurso a este meio de obtenção de prova de elevada *danosidade social*, não deviamos adiar, por mais tempo, a publicação da 2.ª Edição revista e actualizada do livro *Escutas Telefónicas – Da Excepcionalidade à Vulgaridade*. O pendor humanista e falibilista de ver o mundo e o direito que nos rege – todos somos seres humanos – impos-nos uma actualização desta obra sempre na dialéctica da defesa dos direitos fundamentais de todos (repetimos de todos) os cidadãos. A análise e a crítica construtiva que fazemos, ao longo destas páginas, vai no sentido de contribuir para uma melhor interpretação e aplicação das normas jurídico-processuais penais das intercepções e gravações de conversações e comunicações (telefónicas ou por qualquer meio técnico) em vigor e no sentido de permitir uma maior reflexão pela pugna de um quadro legal, cuja interpretação não se desvie do rumo consagrado na Constituição da República Portuguesa: o aprofundamento dos direitos, liberdades e garantias fundamentais.

Não podiamos deixar de expressar, com sentido, uma palavra de apreço à Gráfica de Coimbra, pelo apoio que nos deu nestes últimos dias (digamos horas) de intenso trabalho, e à Almedina, pela compreensão e confiança sempre demonstrada em nós, para que esta obra possa ser apresentada no 3.º Seminário da *Reforma Penal e Processual Penal*, a realizar pelo Instituto Superior de Ciências Policiais e Segurança Interna e pela Escola de Direito da Universidade do Minho, nos dias 8 e 9 de Julho de 2008, na cidade de Braga.

Só o trabalho de equipa permitiu este feito.


Assafarge, 1 de Julho de 2008

# PREFÁCIO

"O grande objectivo da justiça é o de substituir
o uso da violência pela ideia de justiça..."
ALEXIS TOCQUEVILLE [1]

ALEXIS TOCQUEVILLE lembra-nos a razão de ser da justiça: *substituir o uso da violência*. O homem não pode ceder à sede de vingança ou realizar a justiça com a violência que condena. Esta justiça está submetida a normas e a sua realização não pode ser obtida a qualquer custo, *i. e.,* com o atropelo desnorteado dos direitos, liberdades e garantias fundamentais, sob pena da legitimidade de que nos apoderamos para fundar a intervenção do Estado se esmorecer e diluir no consciente de cada um e no pequeno olhar incrédulo que nos acerca o espírito perdido em busca do ser.

A logicidade da descoberta da verdade material como epíteto de pureza na realização da justiça humana não se coaduna com um Estado que se submete ao direito e às normas democráticas, a não ser que os meios de obtenção de prova obedeçam ao carimbo do *direito penal bélico* de que nos fala MUÑOZ CONDE[2]. A legalidade positivista da actuação dos operadores judiciários esbarra com a legitimidade imanente ao meio a recorrer para obter as provas reais e

---

[1] ALEXIS TOCQUEVILLE, *Da Democracia na América*, (tradução de Carlos Correia Monteiro de Oliveira), Principia, S. João do Estoril, 2002, p. 180.

[2] FRANCISCO MUÑOZ CONDE, *La Ciência del Derecho Penal Ante el Nuevo Milenio*, Tirant lo Blanch, 2004, p. 13.

pessoais. A história demonstra que a voz do povo insurge-se sempre que a medida se apresenta desajustada e desproporcional ao fim, censurando a desmedida e a violação dos princípios da excepcionalidade e da indispensabilidade[3] do meio empregue.

As intercepções e gravações de conversações e comunicações – vulgo *escutas telefónicas* – devem ser encaradas como um meio de obtenção de prova de *ultima ratio* e nunca de *prima ratio* ou *sola ratio* ou meio de se obter o flagrante delito. O legislador cauto procurou no plano sistemático verter a natureza excepcional das escutas telefónicas por ter presente que a danosidade social era elevada, pois fere o mais íntimo dos segredos do ser humano cuja protecção emerge do direito à reserva da intimidade da vida privada e familiar. Todavia, a realidade mostra-nos a vulgaridade do recurso ao excepcional, que, de momento em momento, se metamorfoseia em regra.

Os meios de obtenção de prova em geral e as escutas telefónicas em particular devem obedecer às finalidades do processo penal – realização da justiça, descoberta da verdade material, protecção dos direitos e liberdades fundamentais, e alcance da paz jurídica e social, cuja materialização dos mesmos passarão muitas vezes pelo princípio da «concordância prática» – e à visão da política criminal, apartando-se

---

[3] Que já defendíamos na primeira edição desta obra (2004, pp. 53-55) ao defendermos a exigibilidade de demonstração da necessidade de recurso a este meio de obtenção de prova carregado de elevado nível de danosidade social. Neste sentido, o legislador ao proceder à reforma submetem o recurso à escuta telefónica ao princípio da indispensabilidade – cfr. nova redacção do n.º 1 do art. 187.º do CPP. O legislador italiano fora mais longe ao prescrever a verificação do princípio da «absoluta indispensabilidade» no recurso de escutas telefónicas, no art. 267.º do *Códice di Procedura Penale*. Quanto a este assunto GIORGIO LATTANZI, *Códice di Procedura Penale Annotado con la Giurisprudenza*, 3.ª Ed., Giuffrè Editore, Milano, 2003, pp. 572-579.. No mesmo sentido se entende "as disposições conjugadas do § 18, I, da GG, e dos §§ 100a e 100b, da *Strafprozessordnung* – StPO – (...) ou do art. 579, 2, da *Ley de Enjuiciamiento Criminal*". Cfr. ANDRÉ LAMAS LEITE, "Entre Péricles e Sísifo: O Novo Regime das Escutas Telefónicas", *in RPCC*, Ano 17, n.º 4, pp. 625-626 (e nota 24).

dos síndromas da política securitária. Ao longo do nosso estudo procuramos verter nas páginas que se seguem não só o aprofundamento dos direitos fundamentais – quer no plano do direito nacional quer no do direito internacional –, como também delimitar as escutas à excepcionalidade por natureza e a correlação com a visão histórico--jurídica em que o seu regime jurídico se esgrime sem nos olvidarmos da proposta de alteração do Código de Processo Penal.

# ABREVIATURAS

| | |
|---|---|
| Ac. STJ | – Acórdão do Supremo Tribunal de Justiça |
| Ac. TC | – Acórdão do Tribunal Constitucional |
| AJ | – Autoridade Judiciária |
| APC | – Autoridade de Política Criminal |
| BAC | – Brigada Anti-Crime |
| BGH | – *Entscheidungen des Bundesgerichtshofes in Strafsachen* |
| CEDH | – Convenção Europeia dos Direitos do Homem |
| CG | – Comandante Geral |
| CP | – Código Penal |
| CPP | – Código de Processo Penal |
| CRP | – Constituição da República Portuguesa |
| CSM | – Conselho Superior da Magistratura |
| EMP | – Estatuto do Ministério Público |
| DCIAP | – Departamento Central de Investigação e Acção Penal |
| DN | – Director Nacional |
| DL | – Decreto-Lei |
| DPR | – Decreto do Presidente da República |
| DUDH | – Declaração Universal dos Direitos do Homem |
| GNR | – Guarda Nacional Republicana |
| JIC | – Juiz de Instrução Criminal |
| LOGNR | – Lei Orgânica da Guarda Republicana |
| LOIC | – Lei Orgânica da Investigação Criminal |
| LOPJ | – Lei Orgânica da Polícia Judiciária |
| LOPSP | – Lei Orgânica da Polícia de Segurança Pública |
| LOSEF | – Lei Orgânica do Serviço de Estrangeiros e Fronteiras |
| LSI | – Lei de Segurança Interna |
| MAI | – Ministério da Administração Interna |
| MJ | – Ministério da Justiça |
| MP | – Ministério Público |

| | |
|---|---|
| OCS | – Orgãos de Comunicação Socal |
| OPC | – Órgão de Polícia Criminal |
| PIDCP | – Pacto Internacional sobre Direitos Civis e Políticos |
| PJ | – Polícia Judiciária |
| PSP | – Polícia de Segurança Pública |
| PGR | – Procurador-Geral da República |
| RAR | – Resolução da Assembleia da República |
| RC | – Revisão Constitucional |
| RGCO | – Regime Geral das Contra-Ordenações |
| RMP | – Revista do Ministério Público |
| RPCC | – Revista Portuguesa de Ciências Criminais |
| RPP | – Revista Polícia Portuguesa |
| SEF | – Serviços de Estrangeiros e Fronteiras |
| SIED | – Serviço de Informações e Estratégicas de Defesa |
| SIS | – Serviço de Informações de Segurança |
| StOP | – *Strafprozessordnung* |
| TC | – Tribunal constitucional |
| TIC | – Tribunal de Instrução Criminal |

CAPÍTULO I
# INTRODUÇÃO

## 1. Breves considerações

I. A «demanda da segurança», bandeira de campanhas económicas e políticas, transformou o nosso olhar sobre os instrumentos materiais e formais próprios à defesa e à garantia dos direitos fundamentais, cujo gozo e exercício – plenitude de fruição – dependem, em muito, da efectividade real e psíquica do direito fundamental *segurança*. Todavia, preocupa-nos, como em SANTO AGOSTINHO, que queiramos ser PORFÍRIO, detentores de impiedade absoluta que nem APULEIO ousou, alguma vez, deter. Continuando na exegese de SANTO AGOSTINHO, preocupa-nos que possamos chegar à 'triste' constatação de NUMA POMPÍLIO: que as lei promulgadas «de nenhuma forma eram suficientes para governar a cidade»[4].

A sofisticação das estruturas do crime – em especial do organizado ou estruturado[5] – induzem os nossos espíritos inquietos a duvi-

---

[4] Cfr. SANTO AGOSTINHO, *A Cidade de Deus*, (tradução de J. DIAS PEREIRA), 2.ª Edição, Fundação Calouste Gulbenkian, Lisboa, 1996, Vol. I, Livro II, Capítulo XVI, p. 233.

[5] Quanto ao conceito jusinternacional de crime organizado e de crime estruturado, *Convenção das Nacões Unidas Contra a Criminalidade Organizada Transnacional* ou *Convenção de Palermo*, aprovada para ratificação pela Resolução da Assembleia da República (RAR) n.º 32/2004 e ratificada pelo Decreto do Presidente da República (DPR) n.º 19/2004, de 2 de Abril, em especial as als. *a*) e *c*) do art. 2.º.

darem da ordem global e nacional em que cada um se insere. Por um lado, sentimos que as polícias responsabilizam a inexistência de legislação adequada e idónea a um «combate»[6] eficaz à criminalidade em geral e à macrocriminalidade em especial. Infelizmente, não as ouvimos a culpabilizarem-se por falta de formação específica e de conhecimentos necessários e exigíveis para procederem à prevenção e à investigação dos crimes de que são incumbidos de investigar por determinação da Autoridade Judiciária (AJ) competente do processo. A culpabilização das magistraturas e da legislação «cocha» é o caminho escolhido, que vem reverter mais tarde no recurso desmedido às escutas telefónicas. De tal ordem é a neutralização axiológica da incapacidade intrínseca e extrínseca das polícias, que se apresentam, em muitos momentos, como "párias" da sociedade e vêem esta como sua inimiga[7].

A macrocriminalidade ocupa, hoje, a agenda dos decisores políticos nacionais e internacionais e não raro são os discursos, como este, que não se referem a tão profunda organização em redes nacionais, regionais e internacionais ou transnacionais capazes de envergarem não só um número indeterminado e invisível de recursos humanos, como também um inúmero «brutal» de fundos económicos, quantas vezes superiores a orçamentos de alguns Estados. Essas organizações criminosas detém um poder material incalculável e, por conseguinte, dominam ou determinam o poder formal dos Estados e das Organizações Nacionais e Internacionais[8]. Fenómeno decorrente da globalização que apavora os incautos e os não esclarecidos e que fermenta com maior fervor nos povos em via de desenvolvimento ou em desen-

---

[6] Usamos o vocábulo «combate» não levianamente, mas com toda a certeza de que em primeiro fala-se em «combate» e só muito mais tarde se fala em «prevenção».

[7] Cfr. WESTLEY *apud* J. DE FIGUEIREDO DIAS e MANUEL DA COSTA ANDRADE, *Criminologia*, Reimpressão, Coimbra Editora, p. 464.

[8] Neste sentido NUNO BRANDÃO, *Branqueamento de Capitais: O Sistema Comunitário de Prevenção,* Coimbra Editora, Colecção *Argumentum*, n.º 11, 2002, pp. 20 e ss..

## Escutas Telefónicas – da excepcionalidade à vulgaridade

volvimento. Locais propícios à instalação de bases de decisão média e alargada, cuja resposta preventiva não passará única e exclusivamente com uma investigação dotada de todas as armas – até mesmo aquelas que roçam a ética e a moral. Todavia, o nosso olhar tem-se perdido no fermento de legislação destinada a apetrechar os operadores da justiça – polícia e tribunais – de instrumentos legais aparentemente idóneos a alcançar os objectivos de prevenção criminal[9].

**II.** A eufórica e deslumbrante necessidade de apetrechamento dos operadores judiciários de meios de obtenção de prova sem que primeiramente se avalie os resultados objectivados com os meios já existentes[10] – muitas das vezes esquecidos na prateleira dos livros empoeirados – é uma *praxis* a que nos habituamos. Ou, concretizando melhor, a desmedida e facilitada autorização das escutas telefónicas – de necessidade duvidosa –, sem que primeiramente se avaliem os meios menos delatores dos direitos e liberdades pessoais, converteu um meio de obtenção de prova de *ultima ratio* – de excepção – em *prima ratio* – em vulgar. Da excepcionalidade da escuta telefónica – cuja preservação de direitos fundamentais de terceiros inocentes ou insuspeitos é colocada à mercê do órgão de polícia criminal (OPC) – assiste-se, hoje, à sua vulgarização –, cujo *boom* se registou no ano 2000[11].

A sofisticação da criminalidade provoca, consequentemente, a natural sofisticação das polícias quer na formação técnica e táctica quer na própria aquisição de "meios mais fáceis, cómodos, úteis e céleres"[12]. Esta dotação profissionalizante e mecânica da polícia conduziu a que esta se socorresse, em todas as investigações que as admitem, das escutas telefónicas.

---

[9] Cfr. artigos 202.º e 272.º da CRP.

[10] Neste sentido WINFRIED HASSEMER, *A segurança Pública no Estado de Direito*, AAFDL, Lisboa, 1995, p. 101.

[11] Cfr. MARIA DE FÁTIMA MATA-MOUROS, *Sob Escuta*, Principia, S. João do Estoril, 2003, p. 64.

[12] *Idem*, pp. 64 e 65.

Preocupação relevante se nos afigura os votos de extrema virtualidade no «combate» ao crime – em especial ao crime mais grave como se depreende dos pressupostos do recurso à escuta telefónica prescritos nos artigos 187.º a 190.º do CPP – com a obtenção de informações não só criminais, mas também pessoais, que desarmam o arguido face ao juiz conhecedor das suas fraquezas e das suas forças, sabendo, desde logo, a mentira em que cai incautamente. Frutíferas operações policiais e judiciais têm surgido nos órgãos de comunicação social (OCS) baseadas quase exclusivamente na prova real e pessoal através da intercepção de comunicações. Mas, interrogamo-nos se os direitos de terceiros insuspeitos não se sobrepõem à busca absoluta da verdade probatória. Dúvida que nos açambarca o espírito, pelos perigos mediatos e imediatos potencialmente emergentes da logicidade do pensamento comum, cuja preocupação se formula nas palavras de MANUEL DA COSTA ANDRADE, ao citar AMELUNG: "O Estado cairá em contradição normativa e comprometerá a legitimação da própria pena se, para impor o direito, tiver de recorrer, ele próprio, ao ilícito criminal"[13]. Indagamo-nos quantas escutas telefónicas violam bens jurídicos dignos de tutela penal ou, no mínimo, roçam as arestas dessa tutela.

**III.** No limiar da nova era inquieta-nos a aspereza com que muitos defendem mais instrumentos legais isentos de autorização judicial ou aligeirados que permitam uma maior eficácia e eficiência da descoberta do crime, da detenção em flagrante delito, da produção de prova real e pessoal inquestionável, da condenação louvada por todos os vértices da sociedade. Inquieta-nos o pedido de (des)judicialização e, sequente, *policialização*[14] de procedimentos processuais potenciais

---

[13] Cfr. MANUEL DA COSTA ANDRADE, *Sobre as Proibições de Prova em Processo Penal*, Coimbra Editora, Coimbra, 1992, p. 15.

[14] Quanto à policialização do inquérito, ANABELA MIRANDA RODRIGUES, "A fase preparatória do processo Penal – Tendências na Europa. O caso Português", in *BFD – STVDIA IVRIDICA*, n.º 61, Coimbra Editora, p. 955.

violadores dos direitos e liberdades do cidadão. Desta feita, esta ideia atormenta-se-nos, fortemente, a mente face às finalidades do processo penal do Estado de direito democrático[15]: realização da justiça e a descoberta da verdade material não a qualquer custo; protecção dos direitos fundamentais das pessoas; restabelecimento da paz jurídica. Acresce referir que a prossecução destas finalidades no processo crime impõe ao intérprete e aplicador da norma processual penal o recurso ao princípio da "concordância prática".

Como escreve WINFRIED HASSEMER, "o venerável princípio da subsidiariedade ou da *ultima ratio* do Direito penal é simplesmente cancelado, para dar lugar a um Direito penal como *sola ratio* ou *prima ratio* na solução de conflitos: a resposta penal surge para as pessoas responsáveis por estas áreas cada vez mais frequentemente como a primeira, senão a única saída para controlar os problemas"[16], cujo quadro de endurecimento e de intimidação do plano substantivo do direito penal se teletransporta para o plano adjectivo, em que a prevenção do perigo do crime é, apenas, colocada no congelador e opta-se reactivamente pela prevenção através da repressão do crime – temos um direito penal direccionado para o espectro da funcionalidade e da consequência sem se escutar e olhar as causas. Trazemos à colação a preocupação humana de RAMALHO ORTIGÃO, quando escrevia, tão sabiamente, há quase século e meio, que "Lisboa vai ter a peso de ouro uma prisão penitenciária, quando a peso da ignorância e do desleixo Lisboa não tem ainda um Liceu!"[17].

Esta inquietação agrava-se face aos ventos do direito internacional – futura constituição europeia, futuro código de processo penal

---

[15] Cfr. JORGE DE FIGUEIREDO DIAS, *Direito Processual Penal*, (lições coligidas por MARIA JOÃO ANTUNES), Coimbra, 1988-9, pp. 20 a 26.

[16] WINFRIED HASSEMER, *História das Ideias Penais na Alemanha do Pós-Guerra*, AAFDL, Lisboa, 1995, p.66.

[17] RAMALHO ORTIGÃO, "A Prisão Penitenciária – Cuidados de que é Objecto o Facínora – O Crime e a Instrução – As Ideias Morais e o Direito do Trabalho", *in Antologia – As Farpas*, Vol. XIV.

europeu, leis de cooperação judiciária (etc.) – que nos acercam as vistas e nos quebram as memórias dos perigos de um fenómeno desjudicializante dos actos colidentes com os direitos, cuja conquista se escreveu com sangue e dor ao longo de séculos.

A macrocriminalidade e a ineficiência aparente dos meios de obtenção de prova menos onerosos para os direitos dos cidadãos – *p. e.*, exames, revistas, buscas, apreensões – não podem nem devem justificar o recurso desproporcional e desnecessário à realização das escutas telefónicas. Será nosso intuito demonstrá-lo ao longo da nossa exposição.

## 2. Concepção

**I.** A concepção de escuta telefónica como meio de obtenção de prova obriga-nos a uma reflexão sobre a **técnica** e sobre o **meio** e que **provas** se procuram obter. A compreensão deste instrumento legal e material de prevenção criminal *stricto sensu, i. e.*, de investigação criminal e não de vigilância criminal[18].

As escutas telefónicas atordoaram o país com as conversas 'escandalosas' de dirigentes partidários, desportivos, políticos e, nesse preciso momento, provocaram reacções antagónicas: por um lado, os defensores dos direitos, liberdades e garantias, que empunham a espada contra a absolutização da verdade a qualquer custo, sentiram-se com razão de criticar a indiscriminação e o desnorte da selecção

---

[18] Quanto a este assunto os nossos estudos "A segurança como tarefa fundamental do Estado", *in Revista Polícia Portuguesa*, Ano LXIII, n.º 125, Set/ /Out, 2001, pp. 27 e ss., *Regime Jurídico da Investigação Criminal Comentado e Anotado*, Almedina, Coimbra, 2003, pp. 24 e 25, "Terrorismo: Fundamento de restrição de direitos?", *in Terrorismo* (Coord. de ADRIANO MOREIRA), Almedina, Coimbra, 2003, pp. 375 e ss., *O Novo regime Jurídico do Agente Infiltrado Anotado e Comentado*, (co-autoria FERNANDO GONÇALVES e MANUEL JOÃO ALVES), Almedina, 2001, pp. 28 e 29. Num quadro Constitucional, J. J. GOMES CANOTILHO e VITAL MOREIRA, *Constituição da República Portuguesa Anotada*, 3.ª Edição, Coimbra Editora, 1993, pp. 954 e ss., anotação ao art. 272.º.

do que é escutado e do que é ou deve ser transcrito – para o auto de transcrição de escuta –, evitando-se que um 'desabafo' se transforme em chacota e em risos de almoço ou de toma de café; mas, por outro lado, os guerreiros da segurança a qualquer custo e da restrição de direitos e liberdades em prol da 'justiça' ergueram a voz contra as restrições aos operadores judiciários na selecção do que é escutado e do que é transcrito, arguindo a total transcrição para os autos do que fora escutado, para que a verdade ou a aparente verdade seja do conhecimento do 'povo'.

Este acontecimento – publicação de excertos cirúrgicos de escutas telefónicas sobre certas personalidades do nosso país – pôs, também, em relevo o problema do que é ou devemos entender por escuta telefónica no âmbito do direito penal adjectivo, apartando-a da má e desregulada escuta, não podendo ser considerada como meio de obtenção de prova, a problemática da técnica e do domínio exclusivo da técnica pela polícia judiciária (PJ), do meio em si e das provas que se desejam ou interessam recolher para conservar, analisar e interpretar – provas reais – e localizar, contactar e apresentar ao tribunal – provas pessoais.

**II. A técnica**, sacralizada pela PJ, caracterizada como algo de difícil concepção e manejo, prático em demasia para que o juiz que autorizou ou ordenou possa descer da teoria de que está imbuído o seu gabinete – doutrina e jurisprudência –, cujo contacto provocaria constipação intelectual, é de fácil domínio e de permeável acesso. Como escreve MATA-MOUROS[19], o juiz, sentado no seu gabinete de trabalho, dotado de *password* própria de acesso ao sistema, podia aceder ao sistema sempre que entenda necessário, permitindo e promovendo o controlo permanente[20] a que tanto se aspira: "estas visitas

---

[19] F. MATA-MOUROS, *Sob Escuta*, pp. 28 e 29.

[20] Como o reforço na sofisticação técnica da justiça penal para defesa das liberdades do cidadão não se concretizará a breve tempo, o legislador precaveu na reforma um *controlo mais delimitado temporalmente* ao estipular que o OPC, que estiver a efectuar as intercepções e gravações de comunicações, tem de dar

do juiz às intercepções, sem hora marcada ou dependência de anfitrião, conseguiriam mais em prol do efectivo controlo judicial da pertinência na manutenção da escuta, na adequação da sua próxima prorrogação e mesmo na sindicância dos critérios de selecção policiais"[21].

Os terminais das escutas telefónicas encontram-se sediados nas polícias, *maxime* PJ. A Localização física, caso não seja colmatada com o recurso ao controlo à distância – por meio de acesso informático dotado das características próprias dos computadores da PJ –, é um obstáculo à AJ – MP ou JIC – no acompanhamento das diligências do OPC. Duvidoso se afigura os longos prazos de transcrição, quando, hoje, há computadores capazes de gravarem o som e transcreverem-no pouco tempo depois, facilitando de todo em todo o trabalho árduo dos OPC. A técnica, hoje, pode ser um instrumento funcionalizante e operacionalizante da justiça e, por conseguinte, pode ser um instrumento de defesa e de garantia dos direitos e liberdades fundamentais dos cidadãos.

**III.** Como **meio** de obtenção de prova, neste canto do estudo, reservaremos apenas considerações gerais, cuja especificidade desenvolveremos com maior acuidade no ponto do regime jurídico.

A excepcionalidade dos meios de obtenção de prova mais agressivos dos direitos, liberdades e garantias fundamentais reserva-se aos que ofendem mais gravemente bens jurídicos do cidadão. A realização da justiça e a descoberta da verdade material encontra-se limitada por dois vértices: por um lado, prefere-se não obtê-la a ofender 'brutal e desmesuradamente' quaisquer direitos pessoais e princípios fundamentais (tais como a vida, a integridade física e psíquica, a reserva da intimidade da vida privada e familiar, a dignidade da pessoa humana),

---

conhecimento do conteúdo das escutas (através dos autos e relatórios) e levar os suportes técnicos das mesmas ao MP no espaço temporal de 15 em 15 dias a contar do início da primeira intercepção, assim como o MP leva, no prazo de 48 horas, ao juíz o conhecimento daqueles elementos. Cfr. n.ᵒˢ 3 e 4 do art. 188.º do CPP. Quanto aos prazos do conhecimento de todo o processo das escutas *infra* 11. Limites: expressos e imanentes.

[21] *Idem*, p. 29.

sob pena de a justiça ser amoral e enferma; por outro, está sujeita ao recurso ao meio menos oneroso para aqueles direitos e princípios, *i. e.*, se a realização do exame e da revista ao(s) suspeito(s) preenche o quadro probatório real e pessoal do processo, não deve ser efectuada a busca ou a apreensão ou a escuta telefónica ou não deve recorrer-se ao agente infiltrado[22].

Como meio de obtenção de prova, a escuta telefónica deve, também, cingir-se ao estritamente necessário ou exigível probatório e não a uma desmesurada fruição. Pressuposto extraído do enquadramento sistemático das escutas telefónicas. O legislador consagrou as escutas telefónicas em último lugar dos meios de obtenção de prova – colocando em primeiro lugar os exames, depois as revistas e as buscas, seguidamente as apreensões e, por último, as escutas telefónicas. Deste, mais grave, só o agente infiltrado, cujo regime o legislador consagrou em diploma autónomo[23], assim como o registo de voz (*off*) e imagem[24].

O recurso às escutas telefónicas depende de autorização judicial e nunca pode funcionar como típica medida cautelar e de polícia. Quer os exames, as revistas, as buscas e as apreensões – mesmo a suspensão de correspondência – podem, como tipificadas nos artigos 249.º a 252.º do CPP, ser aplicadas pelos OPC como medidas cautelares e de polícia – cujos actos pré-processuais estão carentes de apreciação e de validação judiciária[25] –, mas já não podem socorrer-se das escutas ou da figura de agente infiltrado como medida cautelar e de polícia, porque não estão tipificados como tal e por violarem severamente os direitos fundamentais.

---

[22] Refira-se que o legislador, na reforma penal, procedeu a retoques (exame, revista e apreensões) e a alterações de fundo (buscas domiciliárias e escutas telefónicas) nos meios de obtenção de prova sistematizados no Código de Processo Penal, mas não inseriu no código nem procedeu a alterações no regime do agente infiltrado e ao regime de registo de voz e imagem como alertou MANUEL DA COSTA ANDRADE no III Congresso de Processo Penal.

[23] Cfr. Lei n.º 101/2001, de 25 de Agosto.

[24] Cfr. art. 6.º da Lei n.º 5/2002, de 11 de Janeiro, e *infra* 14. O registo de voz (*off*) e de imagem

Acrescente-se, apesar da discussão doutrinal e jurisprudencial, este meio de obtenção de prova – por tão oneroso dos direitos fundamentais – carece de autorização ou ordem de juiz, não se criando qualquer possibilidade de a mesma poder ser ordenada ou autorizada por MP ou realizada sem qualquer autorização ou ordem de autoridade judiciária, como os meios de obtenção de prova exames[26], revistas, buscas e apreensões.

Do exposto, podemos aferir que as escutas telefónicas apenas se deviam apresentar como um **meio** de obter provas reais e pessoais para um processo crime quer na fase de inquérito quer na fase da instrução[27], caso o juiz entenda que se devem proceder a novas diligências de prova e não se confunde como um meio de prova.

**IV.** Como périplo deste ponto, propusemo-nos abordar a escuta na perspectiva da prova: **que provas** procuramos ou investigamos?

Temos vindo a descortinar as perspectivas das escutas telefónicas como técnica de investigação e seus percalços, como meio de obtenção de provas, e, sem terminar este ponto, incumbe-nos discretear sobre as escutas quanto ao elemento **provas**.

---

[25] Cfr. GERMANO MARQUES DA SILVA, *Curso de Processo Penal*, 2.ª Edição, Verbo, Lisboa/S. Paulo, Vol. III, pp. 63 e ss.. Quanto a este assunto, ANABELA MIRANDA RODRIGUES, "A fase preparatória...", *in STVDIA...* p. 958 e o nosso *Regime Jurídico da Investigação Criminal Comentado e Anotado*, Almedina, Coimbra, 2003, p. 65.

[26] Refira-se que o MP não pode autorizar ou ordenar exames que colidam com a reserva da intimidade da vida privada, com a integridade física e psíquica do visado, da competência exclusiva do Juíz de Instrução *ex vi* da al. *b*) do n.º 1 do art. 269.º (e art. 172., n.º 2 conjugada com o art. 154.º, n.º 2 e art. 156.º, n.º 5 e 6) do CPP e n.º 4 do art. 32.º da CRP.

[27] Quanto à realização de escutas telefónicas em sede de instrução, face à alteração legislativa de 2007, refira-se que não é admissível legalmente, nem mesmo se podem prolongar pela fase de instrução tendo a mesma iniciado antes de encerrar o inquérito. Findo o inquérito, tendo em conta o novo quadro legal, terminam de imediato as escutas telefónicas. Compreende-se a opção legislativa, mas criticável porque pode ser fundamental para a descoberta da verdade a realização de escutas nas fases sequentes. O legislador já seguiu um regime diferente para a localização celular, conforme n.º 2 do art. 189.º do CPP.

Para JOHN GILISSSEN, a prova funciona como "um mecanismo pelo qual se tenta restabelecer a verdade de uma alegação, de um direito ou de um facto", ou seja, a prova é "o conjunto de processos por meio dos quais se tenta convencer aquele que deve dizer o direito de que teve lugar (ou não) um certo facto, ou ainda de que uma afirmação corresponde à verdade ou deve ser tida como se lhe correspondesse"[28]. Quanto à prova judicial, JOHN GILISSEN considera-a específica e que se destina a "convencer o juiz, a persuadi-lo da existência de um facto concreto que teve lugar num passado mais ou menos próximo"[29], sem contudo apartá-la completamente da prova demonstrativa, experimental e histórica. A prova judicial é, em concomitância, demonstrativa, experimental e histórica.

A realização de escutas telefónicas realizam-se no inquérito e destina-se a descobrir e recolher, para futura análise e interpretação e conexão jurídica, **provas reais** – elementos materiais e factuais do crime e elementos materiais móbil do próprio crime – e localizar, contactar e, posteriormente, apresentar em juízo **as provas pessoais** – quer agentes ou co-agentes do crime quer testemunhas –, se existirem «razões para crer que a diligência é indispensável para a descoberta da verdade ou que a prova seria, de outra forma, impossível ou muito difícil de obter»[30].

---

[28] JOHN GILISSSEN, *Introdução Histórica ao Direito*, 4.ª Edição, Fundação Calouste Gulbenkian, Lisboa, 2003, p. 711. A prova de que nos fala GILISSEN é abrangente, pois abarca todos os ramos do direito e não apenas a prova criminal. Ao lado da designada **prova judicial** – que é específica e se destina a "convencer o juiz, a persuadi-lo da existência de um facto concreto que teve lugar num passado mais ou menos próximo" –, o autor fala-nos da **prova *demonstrativa*** – que parte da matemática e da lógica para demonstrar ideias ou dados abstractos, da **prova *experimental*** – típica das ciências naturais e que parte de experiências que procuram demonstrar factos com exactidão –, da **prova *histórica*** – visando a reconstituição de factos do passado –, tipos de prova úteis e possíveis para o desenvolvimento probatório do processo judicial. *Idem*, p. 712.

[29] *Ibidem.*

[30] Cfr. a nova redacção do n.º 1 do art. 187.º do CRP. A redacção anterior prescrevia que a escuta telefónica seria admissível legalmente se as provas reais e pessoais a obter se considerassem «relevantes para a descoberta da verdade e

## 3. Meio de obtenção de prova *versus* informações secretas

**I.** As escutas telefónicas, cuja possibilidade de execução por ordem ou autorização de despacho de juiz emerge do n.º 4 do art. 32.º da CRP, somente se podem verificar no plano do processo penal e nunca no plano do Serviço de Informações de Segurança (SIS) ou do Serviço de Informações e Estratégia de Defesa (SIED), conhecidos por serviços secretos que produzem informações secretas.

A Lei n.º 9/2007, de 19 de Setembro, que aprovou a orgânica do Secretário-Geral do Sistema de Informações da República Portuguesa, do Serviço de Informações e Estratégias de Defesa (SIED) e do Serviço de Informações de Segurança (SIS), veio reestruturar e organizar as informações secretas em Portugal, principalmente no que respeita à dependência político-executiva, passando a estar sob a dependência do Primeiro Ministro que não só aprova os planos anuais das actividades do SIED e do SIS, como também pode «fixar, por despacho, directrizes e instruções sobre as actividades a desenvolver» por aqueles serviços. Acresce que o SIED e o SIS passaram a estar na dependência de um Secretário-geral que responde perante o Primeiro-Ministro, conforme artigos 1.º a 25.º da Lei n.º 9/2007, de 19 de Fevereiro.

Não podemos configurar a realização de escutas telefónicas no plano estrito de descoberta e recolha de informação secreta face ao nosso ordenamento jurídico processual penal. Não é de todos desconhecido o famigerado episódio das escutas instaladas no gabinete do Procurador Geral da República CUNHA RODRIGUES. Se nos perguntarem se os serviços secretos efectuam as escutas não lhes poderemos responder, mas face ao quadro legal vigente não se afigura constitucionalmente admissível exceptuando-se no âmbito criminal. Se recuarmos no tempo, a famosa ENIGMA, subtraída, em boa hora, ao regime nacional socialista – vulgo NAZI – funcionou como meio de intercep-

---

para a prova». A redacção actual é o reflexo da doutrina, na qual nos incluímos, que parte do princípio de que a escuta telefónica só deve ser admissível se for demonstrada a indispensabilidade da mesma e como *ultima ratio* para descobrir a verdade ou se for demonstrada a impossibilidade ou muita dificuldade em obter, por outro meio, a prova. Cfr. na primeira edição deste livro (2004) as páginas 49-76.

## Escutas Telefónicas – da excepcionalidade à vulgaridade

ção de comunicações entre as forças do eixo germano-itálo-nipónico, podendo sabotar manobras bélicas sobre os aliados e accionar ataques destes sobre aqueles.

**II.** O SIS[31] e o SIED[32] estão, desde logo, impedidos de efectuar escutas telefónicas por imposição de comando constitucional. A realização de escutas telefónicas advém, constitucionalmente, da salvaguarda consagrada na parte final do n.º 4 do art. 34.º, *i. e.*, apenas será permitido violar o direito à inviolabilidade das comunicações humanas – pondo fim ao «sigilo» de que gozam «os meios de comunicação privada» – «nos casos previstos na lei **em matéria criminal**».

Como se depreende, os elementos do SIS e do SIED não são OPC nem APC, não podem desempenhar e praticar actos processuais e pré-processuais, como se afere dos seus diplomas orgânicos, o que, por natureza, limita e trava qualquer possibilidade legal – por freio constitucional – de poderem solicitar ao juiz a realização de escutas telefónicas.

O SIS é um serviço de segurança e, no âmbito da Lei de Segurança Interna (LSI) e desde que estejam preenchidos os pressupostos legais e o pressuposto teleológico das escutas telefónicas em geral – previsto no art. 187.º do CPP – e, ainda, desde que sejam funda-

---

[31] Quanto à genese e reinício dos serviços de informações no pós-25 de Abril, Lei n.º 30/84, de 5 de Setembro, alterada pela Lei n.º 4/95, de 21 de Fevereiro, e pela Lei Orgânica n.º 4/2004, de 6 de Novembro, que aprovou a Lei Quadro do Sistema de Informações da República Portuguesa. A Lei Orgânica do SIS, aprovada pelo DL n.º 225/85, de 4 de Julho, alterado pelos Decretos-Leis n.[os] 369/91, de 7 de Outubro, n.º 245/95, de 14 de Setembro, fora revogada pelo art. 72.º da Lei n.º 9/2007, de 19 de Fevereiro. O SIS rege-se, hoje, pela Lei n.º 9/2007, de 19 de Fevereiro, em especial no que concerne à sua missão pelos artigos 33.º a 43.º e pela Lei Quadro do Sistema de Informações da Republica Portuguesa.

[32] A Lei Orgânica do SIED foi aprovado pelo DL n.º 254/95, de 30 de Setembro. A al *c*) do art. 7.º da Lei Orgânica n.º 4/2004, de 6 de Novembro, alterou a designação de SIEDM para SIED: Serviços de Informações Estratégicas de Defesa. A Lei Orgânica do SIED foi revogada pelo art. 72.º da Lei n.º 9/2007, de 19 de Fevereiro. O SIED rege-se, hoje, pela lei n.º 9/2007, em especial pelos artigos 26.º a 32.º no que respeita à sua missão e, ainda, pela Lei Quadro do Sistema de Informações da República Portuguesa.

mentais para a prossecução de segurança interna, pode-se realizar o *controlo das comunicações*, conforme previsto art. 18.º da LSI. Todavia e como veremos em momento posterior, a intercepção e gravação – controlo – das comunicações previstas no quadro da segurança interna só é admissível com autorização judicial, se feitas pela polícia judiciária e se em causa estiverem crimes muito graves que afectam drasticamente a segurança interna do país, como se retira do catálogo do n.º 2 do art. 187.º do CPP. Pois, o SIS não pode constitucional e legalmente proceder ao controlo de escutas telefónicas[33].

## 4. Um olhar da política criminal

**I.** O Homem sente-se fragilizado face aos poderes latos e, quiçá em certos momentos, desmedidos do Estado dotado de instrumentos que podem, em qualquer segundo, ferir a sua reserva da intimidade da vida privada sem que seja suspeito da prática de qualquer crime. Como defende FERNANDO FERNANDES[34], o processo penal é um instrumento de política criminal, desde os procedimentos às finalidades do processo[35].

Considerada como "o conjunto dos princípios ético-individuais e ético sociais que devem promover, orientar e controlar a luta contra a

---

[33] Quanto a este assunto, o nosso "El Sistema de Seguridad Interior Portugués", *in Revista de Seguridad Publica* – Cuadernos de la Guardia Civil, n.º XXXVI, Año 2007, 2.ª Epoca, pp. 8-9, e LUÍS FIÃES FERNANDES e MANUEL MONTEIRO GUEDES VALENTE, *Segurança Interna – Reflexão e Legislação*, Almedina, Coimbra, pp. 25-26.

[34] FERNANDO FERNANDES, *O Processo Penal como Instrumento de Política Criminal*, Almedina, 2001.

[35] A Lei Quadro de Política Criminal (LQPC), aprovada pela Lei n.º 17/2006, de 23 de Maio, e a Lei do Biénio 2007-2009, aprovada pela Lei n.º 51/2007, de 31 de Agosto, estão muito direccionadas para um vector de eficácia do processo criminal, *i. e.*, são dois diplomas que, não obstante a intenção de intervenção no direito penal substantivo e no direito penitenciário, estão fortemente direccionadas para o processo penal. Quanto a um estudo crítico e aprofundado, MANUEL MONTEIRO GUEDES VALENTE, "Lei Quadro de Política Criminal: Breve Reflexão", *in Revista de Direito Público*, (Director JORGE BACELAR GOUVEIA), Almedina, Coimbra, Ano I, 2008, n.º 1.

# Escutas Telefónicas – da excepcionalidade à vulgaridade

criminalidade"[36], ou segundo a tese lisztiana, "o conjunto sistemático dos princípios fundados na investigação científica das causas do crime e dos efeitos das pena, segundo os quais o Estado deve levar a cabo a luta contra o crime por meio da pena e das instituições com esta relacionadas"[37], a política criminal, como nos ensina TAIPA DE CARVALHO, visa **"a prevenção do crime** e a **confiança da comunidade social** na ordem jurídico penal"[38], afirmando e vigendo de modo efectivo os valores sociais exigíveis para que cada pessoa se realize livremente integrada na comunidade. Hoje, não podemos ficar imunes ou ter uma atitude surda face à política criminal que nos relembra, também, que a prevenção criminal não pode ser alcançada a qualquer custo, devendo, sempre, promover-se e efectivar-se no respeito, na defesa e prossecução dos valores e princípios que ela própria objectiva[39].

Vivência que impõe dois vectores à política criminal: por um lado, é-lhe exigida *eficácia* relativamente aos fins; por outro, é-lhe, também, imposta *legitimidade* – ética e jurídica – no que concerne aos meios para atingir aquela. Vectores estes subordinados, por sua vez, a princípios da política criminal típicos de um Estado de direito democrático[40]:

– *princípio da legalidade* – que se apresenta como garantia contra o livre arbítrio quer judicial quer administrativo – a

---

[36] Cfr. AMÉRICO TAIPA DE CARVALHO, *Direito Penal – Parte Geral – Questões Fundamentais – I*, Publicações da Universidade Católica, Porto, 2003, p. 22.

[37] Cfr. FRAN VON LISZT *apud* FIGUEIREDO DIAS e COSTA ANDRADE, *Criminologia*, Coimbra Editora, 1997, p. 93. Quanto ao estudo da política criminal, JORGE DE FIGUEIREDO DIAS, «A "Ciência Conjunta do Direito Penal"», *in Temas Básicos da Doutrina Penal*, Coimbra Editora, 2001, pp. 3 e ss..

[38] AMÉRICO TAIPA DE CARVALHO, *Direito Penal...,* – I, p. 22. Negrito nosso.

[39] Neste sentido e num plano horizontal e global, o nosso "La Política Criminal y La Criminología em Nuestros Días. Una Visión desde Portugal", *in Estudios de Homenaje al Profesor Alfonso Serrano Gómez*, Dykinson, Madrid, 2006, pp. 1309-1318.

[40] Quanto a este assunto, A. TAIPA DE CARVALHO, *Direito Penal* – I, pp. 22 e 23. Para um aprofundamento deste estudo HANS-HEINRICH JESCHECK e THOMAS WEIGEND, *Tratado de Derecho Penal – Parte General*, 5.ª edição, Comares Editorial, Granada, 2002, pp. 22-30 e CLAUS ROXIN, *Política Criminal y Sistema del Derecho Penal,* 2.ª Edição (1.ª Reimpressão), Hammurabi, Buenos Aires, 2002.

legalidade não se esgota na previsão legal do meio, pois engloba a verificação e o respeito integral dos pressupostos exigidos para a aplicação dos meios de obtenção de prova;
- *princípio da culpa* – que afasta qualquer possibilidade de responsabilidade objectiva – a investigação, que se destina à descoberta da verdade e da prossecução da justiça, não pode partir do pressuposto objectivo de culpa, mas que aquela está inerente ao sujeito $X$ e não a um sujeito qualquer, o que vincula os operadores judiciários a recorrer aos meios de obtenção de prova para descobrir quem e se o suspeito foi, na verdade, o responsável pela conduta;
- *princípio da humanidade* – que se deve verificar não só na tipificação legal das penas [proibindo a pena de morte e as penas degradantes e ofensivas da dignidade humana da pessoa recluso], mas também na sua execução [recusando a prisão perpétua e as consequências jurídicas de tempo indeterminado] – princípio que se deve verificar a montante, *i. e.*, no momento da obtenção de prova – é legal e legítimo que os OPC, com autorização do Juíz de Instrução Criminal, procedam à intercepção e gravação das conversações telefónicas para a descoberta da verdade e para a produção de prova, desde que o processo esteja na fase do inquérito, seja indispensável e haja impossibilidade ou muita dificuldade obter a prova e a verdade por meio menos oneroso para os direitos, liberdades e garantias do cidadão [cfr. n.º 1 do art. 187.º do CPP], mas sempre que a conversação entra no foro da esfera privada e familiar (em que falam das relações amorosas, religiosas e políticas), parece-nos que se viola e se ofende o princípio da humanidade, cuja manifestação se retira dos limtes legais;
- *princípio da recuperação ou ressocialização do delinquente* – os estabelecimentos penitenciários devem ser idóneos e a execução das penas devem direccionar-se para a ressocialização e não dessocialização do delinquente.

Como ensina ANABELA M. RODRIGUES, a prevenção criminal é o mote da política criminal, conquanto o "direito penal configura-se decididamente – (...) – como um «direito penal de protecção de bens jurídicos»"[41]. Neste sentido, a ilustre professora defende a política criminal como uma ciência aplicada, *i. e.*, "as decisões normativas que, de uma banda, lhe conferem a sua dimensão política, pressupõem, de outra, o conhecimento *científico* dos fenómenos que a decisão política tem por objecto e dos possíveis instrumentos a mobilizar e resultados pretendidos"[42], ou seja, a ciência dogmática exprime uma "coordenação dialéctica entre norma jurídica e realidade social, cuja interpenetração vai ter realização jurídica da dogmática ao facto concreto a que se refere"[43]. Assiste-se, desta feita, à "revitalização que põe a descoberto os interesses – (...) – que, por detrás da reformalização jurídica, determinam quer a forma quer o conteúdo das normas"[44].

**II.** A *priori*, dos quatro princípios anunciados relevam, em uma primeira fase, os três primeiros: os meios de obtenção de prova – *maxime* escutas telefónicas – devem ser legais, ou seja, não basta que estejam previstos como possíveis de utilização, é preciso que o recurso aos mesmos obedeçam os pressupostos legais da sua realização, preenchendo, desta feita, *o princípio da legalidade*; os meios de

---

[41] Cfr. ANABELA MIRANDA RODRIGUES, *A Determinação da Medida da Pena Privativa da Liberdade*, Coimbra Editora, 1995, pp. 237 e 238. Como nos ensina, "a política criminal, por definição, orienta-se em direcção preventiva. O sentido especificamente «político-criminal» das leis é *ne peccetur* – é o de evitar ofensas à convivência social, numa palavra, a lesão ou o perigo de lesão de bens dignos e carecidos de tutela penal. É neste contexto que a fundamentação «política» do direito penal significa procura de um fundamento e de uma finalidade racionais, controláveis e disponíveis pelo homem, de quem o direito é objecto ou instrumento" (p. 237, nota 219).

[42] *Idem,* p. 245.

[43] *Ibidem.*

[44] *Ibidem.*

obtenção de prova devem ter em conta o *princípio da culpa* subjectiva e afastar-se da culpa objectiva – sem nos esquecermos da responsabilidade das pessoas colectivas, mas, como sabemos, não se realizam escutas telefónicas à pessoa colectiva *A* ou *B*, mas aos seus representantes legais; e, na efectivação das escutas telefónicas, os operadores judiciários não podem ofender a dignidade humana dos escutados, i. é, não pode o Estado ultrapassar os limites da necessidade e da exigibilidade e ofender bens jurídicos de índole pessoal de tutela constitucional, penal, civil e administrativa.

Os meios de obtenção de prova – *maxime* escutas telefónicas – não podem funcionar como repulsa e ódio incurável por parte do delinquente face ao poder preventivo-punitivo do Estado e, por sua vez, ressocializador. A investigação criminal deve ser direccionada **não na exclusiva missão** de descobrir as provas reais e pessoais que imputam os factos típicos a *A* ou a *B*, mas também se lhe impõe o dever legal – isenção e objectividade, *ex vi* do art. 48.º do CPP – de descobrir e recolher as provas que possam inocentar, justificar ou exculpar a prática do facto típico ou que possam atenuar a responsabilidade penal na prática do *factum criminis*.

A política criminal[45], como ciência integrante da "ciência global (total, universal, integral ou conjunta) do direito penal"[46], releva sobremaneira no plano do processo penal no seu todo e, indubitavelmente, no plano dos meios de obtenção de prova – onde a colisão entre Estado (*ius puniendi*) e o cidadão (inocente/infractor) se reflecte com maior acuidade e tensão, cujo sentimento do agente do crime se propaga por todo *iter* processual.

---

[45] Cujo nascimento se deve à "erupção da mentalidade científico-positivista, produto do prodigioso auge que, durante o século XIX, experimentaram as ciências positivistas". Cfr. ANABELA MIRANDA RODRIGUES, *A Determinação da Medida...*, p. 239.

[46] Cfr. FRAN VON LISZT *apud* FIGUEIREDO DIAS, *Direito Processual...*, (Lições coligidas por M. J. ANTUNES), p. 3. Quanto a este assunto, FIGUEIREDO DIAS e COSTA ANDRADE, *Criminologia...*, Coimbra Editora, 1997, pp. 93 e ss..

Como nos ensinam FIGUEIREDO DIAS e COSTA ANDRADE, no Estado de direito formal, "o direito penal, como ordem de protecção do indivíduo – em particular dos seus direitos subjectivos – perante o poder estatal, e como consequente ordem de limitação desse poder"[47], ocupava o primeiro lugar face à política criminal e, também, à criminologia – que eram vistas como ciências auxiliares.

A evolução para o Estado de direito material, social e democrático – vinculado ao direito e a um "esquema rígido de legalidade"[48], que respeita e garante os direitos fundamentais, em que a justiça se promove e realiza nas vertentes social, cultural e económica – permite-nos olhar o direito penal segundo um novo prisma: "a função da dogmática vira-se do sistema para o problema, isto é, passa a visar prioritariamente a justa resolução do problema posto por cada caso jurídico-penal e a posterior integração daquela no sistema, que assim se torna em «sistema aberto»"[49]. No Estado de Direito material a **política criminal ocupa um lugar de transcendência** face às restantes ciências criminais, *i. e.*, torna-se "transistemática relativamente a elas e, desta maneira, competente para definir em último turno os limites da punibilidade"[50]. Neste sentido, a A. MIRANDA RODRIGUES elucida-nos que a **política criminal ganha "foros de primazia, consolidando a autonomia e a transcendência em relação ao direito penal**[51], e como afirma FIGUEIREDO DIAS, «**o primeiro e indisputável lugar** deve ser cedido à *política criminal*. Por duas razões principais: porque é à política criminal que pertence hoje definir o *se* e o *como* da punibilidade, isto é, nesta acepção, os seus limites; e porque (de algum modo, consequentemente) os conceitos básicos da doutrina

---

[47] Cfr. FIGUEIREDO DIAS e COSTA ANDRADE, *Criminologia...*, p. 94.

[48] *Idem*, p. 95.

[49] *Ibidem*.

[50] *Ibidem*. Para FIGUEIREDO DIAS, a política criminal é «intra-sistemática relativamente à concepção de Estado», ou seja, «imanente ao sistema jurídico-constitucional». *Ibidem*, nota 9.

[51] Cfr. A. MIRANDA RODRIGUES, *A Determinação da Medida...*, p. 237. Negrito nosso.

do facto punível, muito para além de serem "penetrados" ou "influenciados" por considerações político-criminais, devem pura e simplesmente ser *determinados* e *cunhados* a partir de proposições político-criminais e da função que estas lhes é assinalada no sistema»[52].

**III.** Não se pretendendo retomar o literal sentido de LISZT, a concepção de uma ciência global do direito penal, hoje mais do que algum tempo, deve ser encarada como caminho para fenómeno crime, tendo presente que "o tempo presente é, por excelência, o tempo da *política criminal*"[53]. O direito penal – substantivo e adjectivo –, parte integrante da ciência global, não pode apartar-se da política criminal. Ciência que vaza as suas proposições no processo penal, que, por sua vez e como ensina CLAUS ROXIN, é "a forma através da qual as proposições de fins político-criminais se vazam no *modus* da validade jurídica"[54], ou, na formulação de FIGUEIREDO DIAS, "a forma através da qual as proposições de fins político criminais se vazam no *modus* da *vigência* jurídica"[55].

A determinação das consequências jurídicas do crime, no processo penal, detém um relevo específico e formal, imposto pela prevenção geral de integração realizando-se, desta feita, "o cumprimento das intenções e do programa político-criminal no caso concreto"[56]. Nas palavras de A. MIRANDA RODRIGUES[57], "na luta contra o crime, significa indicar uma *finalidade* ao direito penal, designadamente à pena, que lhe justifica a existência", tendo como certeza que a "integral justificação exige a avaliação das finalidades apontadas em face dos resultados obtidos".

---

[52] Cfr. FIGUEIREDO DIAS, «O Direito Penal na "Sociedade de Risco"», *in Temas Básicos da Doutrina Penal*, Coimbra Editora, 2001, pp. 156 e 157.

[53] Cfr. FIGUEIREDO DIAS, «O Direito Penal...», *in Temas Básicos...*, (Lições coligidas por M. J. ANTUNES), p. 17.

[54] *Apud* FIGUEIREDO DIAS, *Direito Processual...*, (Lições coligidas por M. J. ANTUNES), p. 19.

[55] *Ibidem.*

[56] *Idem*, p. 18.

[57] Cfr. A. MIRANDA RODRIGUES, *A Determinação da Medida...*, p. 241.

Sendo que impera a necessidade de um direito penal direccionado para "as suas consequências"[58], a ciência penal global valorativa e crítica com responsabilidade política encontra, *de lege ferenda*, eco em uma "política criminal autenticamente política e não apenas tecnocrática – que fixe os objectivos que o direito penal deve perseguir, com a consequente abertura da sua possibilidade de crítica; e, *de lege lata*, uma dogmática «criadora», essencialmente orientada no sentido das finalidades político-criminais da lei, que não só constitua a superação de uma dogmática «cega», «de costas para a realidade», mas antes evite uma dogmática acrítica e puramente técnica"[59].

A realização das escutas telefónicas de forma desmedida é o reflexo directo do direito penal moderno, que, como nos aponta W. HASSEMER[60], visa a protecção de bens jurídicos, não no molde negativo, mas de positividade criminalizadora – conduzindo à «demanda da criminalização» –, para uma prevenção baseada na criminalização – na reacção ao crime e não na acção ao crime proactiva – e orientado para as consequências imediatas – económicas, sociais, culturais e, fundamentalmente, políticas – afastando-se da prevenção do perigo do crime inerente às instâncias formais de controlo: AJ e OPC.

A determinação das consequências jurídicas do crime – como expressão máxima da prevenção criminal e, consequentemente, da política criminal – depende da prova obtida e produzida em sede de julgamento. A obtenção de provas permitirá **eficácia** quanto aos fins do direito penal – prevenção geral e especial – e, consequentemente, prosseguirá o programa político-criminal – "a imposição de pena só pode ter por justificação a tutela das expectativas criadas pela norma

---

[58] Cfr. WINFRIED HASSEMER, *Fundamentos del Derecho Penal*, Bosch, Casa Editorial, S.A., Barcelona, 1984, p. 34 e ss..

[59] Cfr. A. MIRANDA RODRIGUES, *A Determinação da Medida...*, p. 245, nota 234.

[60] Cfr. WINFRIED HASSEMER, "Rasgos y crisis del Derecho Penal moderno", *in Anuario de Derecho Penal y Ciencias Penales*, do Ministerio de Justicia, Tomo XLV, Fascículo I, Enero-Abril, MCMXCII, pp. 235 e ss..

ou a reafirmação da validade da norma violada"[61] –, mas essa eficácia deverá, sempre, depender da **legitimidade** quanto aos meios empregues na prossecução da política criminal. A realização das escutas telefónicas não pode nem deve, em um Estado de direito democrático, sobrepor-se a valores fundamentais ao desenvolvimento integral do homem na comunidade.

---

[61] *Idem*, p. 17.

# CAPÍTULO II
# RESENHA HISTÓRICA

## 5. Direito Constitucional – o caminho da «progressão ao retrocesso»

**I.** O direito processual penal é, por excelência, o direito dos inocentes. Como "direito constitucional aplicado", "sismógrafo" ou "espelho da realidade constitucional", "sintoma do espírito político-constitucional de um ordenamento jurídico"[62], cumpre-nos ancorar as nossas reflexões sobre o evoluir constitucional no que concerne ao direito criminal, mais concretamente no que se refere ao processo criminal e, neste, aos meios de obtenção de prova.

As Cortes Extraordinárias e Constituintes da Nação Portuguesa, a 9 de Março de 1821, estabeleceram as Bases da Constituição de 1822, cuja Secção I se reportava aos Direitos Individuais do Cidadão, que, para o caso em análise, destacamos a *liberdade* – que «consiste «na faculdade que compete a cada um de fazer o que a lei não proíbe», ponto 2.º, e que «nenhum indivíduo deve jamais ser preso sem culpa», ponto 4.º –, a *liberdade de pensamento* e o direito à *palavra* – «a livre comunicação de pensamentos é um dos mais preciosos direitos do homem», ponto 8.º –, a *propriedade* – «direito sagrado e inviolável que tem todo o cidadão de dispor à sua vontade

---

[62] Cfr. FIGUEIREDO DIAS, *Direito Processual...*, (M. JOÃO ANTUNES), p. 35 e nota 2, citando HENKEL, ROXIN e RUDOLPHI.

de todos os seus bens» e consequente indemnização por uso do bem privado em prol da colectividade, ponto 7.º –, e a *inviolabilidade de correspondência* – «o segredo das cartas será inviolável», ponto 15.º. Por seu turno, nestas Bases da Constituição, podemos ainda retirar a consagração do *princípio da igualdade* – «a lei é igual para todos», ponto 11.º – e o princípio da necessidade de lei – só se deve legislar se necessário – e o princípio da *ultima ratio* da lei penal, o princípio da proporcionalidade e da intransmissibilidade das penas e a abolição das penas degradantes e contra a integridade física do arguido – «nenhuma lei, e muito menos a penal, será estabelecida sem absoluta necessidade. Toda a pena deve ser proporcionada ao delito, e nenhuma deve passar da pessoa do delinquente. A confiscação de bens, a infâmia, os açoutes, o baraço e pregão, a marca de ferro quente, a tortura, e todas as mais penas cruéis e infamantes ficam em consequência abolidas», ponto 12.º.

As Bases da Constituição, no que concerne aos direitos e deveres individuais dos portugueses – Título I –, foram vertidas no texto da Constituição de 23 de Setembro de 1822. A **Constituição de 1822**[63] intitula-se como «Constituição política», «que tem por objecto **manter a liberdade, segurança, e propriedade** de todos os Portugueses»[64] – art. 1.º –, e manifesta o ideal liberal.

Quanto ao direito à *liberdade*, consagra-se que «consiste em não serem obrigados a fazer o que a lei não manda, nem a deixar de fazer o que ela não proíbe» – art. 2.º – e que «ninguém deve ser preso sem culpa formada», salvo nos casos de flagrante delito ou de mandado de autoridade competente ou de ordenanças militares – arts. 4.º, 203.º, 204.º e 205.º.

---

[63] Nesta década vivia-se, nas cidades de Lisboa e do Porto, um índice elevado de criminalidade, proporciado pelo desemprego e pela aglomeração inesperada de pessoas nas grandes cidades. Cfr. MASCARENHAS BARRETO, *História da Polícia em Portugal*, Braga Editora, 1979, pp. 111 e ss.

[64] Negrito nosso.

*Escutas Telefónicas – da excepcionalidade à vulgaridade*   39

Relativamente à *propriedade*, ao lado da *sacralização* e *inviolabilidade de disposição*, a Constituição de 1822 consagrou a *inviolabilidade de domicílio* ao consagrar que «a **casa** de todo Português é para ele um **asilo**» – art. 5.º e 6.º. Na mesma linha de protecção constitucional, consagrou-se que «o segredo das cartas é inviolável» – art. 18.º – e que «a livre comunicação dos pensamentos é um dos mais preciosos direitos do homem» – art. 7.º.

Quanto ao princípio da *igualdade*, o art. 9.º da Constituição de 1822 prescreveu que «a lei é igual para todos», devendo-se ter em conta o princípio *de necessidade de lei* e da *ultima ratio* da lei penal – «nenhuma lei, e muito menos a penal, será estabelecida sem necessidade», art. 10.º –, assim como o principio da *proporcionalidade e da intransmissabilidade das penas* – «toda a pena deve ser proporcionada ao delito; e nenhuma passará da pessoa do delinquente», abolindo-se as penas degradantes – art. 11.º.

**A restrição ou limitação material dos supracitados direitos subjugava-se à apreciação de juiz** e este, por sua vez, estava vinculado à legalidade e aos princípios norteadores da lei penal sob pena de ser responsabilizado por abuso de poder ou por erro cometido no exercício do seu emprego – artigos 203.º, 204.º e 206.º e 196.º respectivamente. O processo crime, por determinação constitucional, estava vinculado ao princípio da jurisdicionalização.

O respeito pela reserva da intimidade da vida privada – casa como asilo e inviolabilidade de correspondência – e pela palavra e liberdade de comunicação e pensamento fora, já há muito, consagrado pela Constituição de 1822.

**II.** A **Carta Constitucional de 1826** consagrou a inviolabilidade dos Direitos Civis e Políticos dos Cidadãos Portugueses nos vários parágrafos do art. 145.º. No §1.º consagrou-se o direito à *liberdade* – «Nenhum cidadão pode ser obrigado a fazer, ou deixar de fazer alguma coisa, senão em virtude da Lei» –, cuja expressão se concretiza no §7.º – «ninguém poderá ser preso sem culpa formada» –, no §8.º – a prisão só se mantém em *ultima ratio*, pois se puder ser prestada fiança idónea, aquela não é aplicada –, no §9.º – a prisão só se pode efectuar em flagrante delito ou por ordem escrita de autoridade legítima (juiz) –, e no §10.º – «ninguém será sentenciado senão pela Autoridade competente».

Como garantia da liberdade dos cidadãos face ao *ius puniendi* do Estado, a Carta Constitucional consagrou, por um lado, o *princípio da não retroactividade* da lei – no §2.º – e o princípio da *legalidade* e, consequentemente, da *tipicidade* penal – ninguém pode ser sentenciado senão «por virtude de Lei anterior, e na forma por ela prescrita» – §10.º, 2.ª parte. A Carta Constitucional foi mais longe do que o legislador constituinte de 1822, onde se submeteu a lei penal aos princípios da necessidade e da *ultima ratio* e da proporcionalidade. A par da legalidade da lei penal, consagra-se, como já acontecera em a Constituição de 1822, o princípio da culpa do agente do crime – delinquente – como limite da pena, afastando-se os familiares do cumprimento da mesma através da confiscação de bens àqueles, ou seja, reforça-se, no ideário constitucional, a ideia da responsabilidade subjectiva ou do princípio da intransmissabilidade das penas, destronando-se a objectiva e o fim da retribuição, iniciando-se o caminho da prevenção. Ancorado à legalidade encontra-se o princípio da *igualdade* perante a lei – §12.º – quer aquela castigue quer proteja.

O direito à *palavra* e à *liberdade de pensamento* e de *comunicação* foram consagrados no §3.º e ganham vigor constitucional pela sua preservação e continuidade na historicidade do Estado Constitucional. Vigor que abarca, ainda, o direito à propriedade, que deve ser garantido em toda a sua plenitude – §21.º –, cuja manifestação fulcral se expressa na consagração da *inviolabilidade de domicílio* – «todo o Cidadão tem em sua Casa um asilo inviolável. De noite não se poderá entrar nela senão por seu consentimento, ou em caso de reclamação feita de dentro; ou para o defender de incêndio, ou inundação; e de dia só será franqueada a sua entrada nos casos, e pela maneira que a Lei determinar», §6.º. No mesmo patamar da inviolabilidade de domicílio fora consagrada a *inviolabilidade de correspondência* – «O segredo das Cartas é inviolável», §25.º –, concretizando-se constitucionalmente o direito à *reserva da intimidade da vida privada*.

Quer o segredo inviolável das cartas quer a inviolabilidade de domicílio limitam, desde logo, a intervenção dos juizes e dos oficiais no decurso do processo. Limitação reforçada pela reconsagrada abolição da tortura, dos açoites, das marcas de ferro e de quaisquer penas cruéis – §18.º. Desde há muito que a prossecução da justiça penal não pode ser efectuada 'a qualquer preço'.

**III.** A **Constituição de 1838** mantém o mesmo diapasão quanto à protecção dos direitos, liberdades e garantias dos cidadãos. O direito à *liberdade* emerge do comando constitucional de que «ninguém pode ser obrigado a fazer ou deixar de fazer senão o que a Lei ordena ou proíbe» – art. 9.º –, cujo entrosamento no plano criminal se renova o princípio da *legalidade* – ninguém será punido senão por lei anterior (art. 18.º ) –, o princípio da necessidade de culpa formada para que alguém seja preso, o princípio da *ultima ratio* da pena de prisão quando esta puder ser substituída por fiança, o princípio da jurisdicionalização, o princípio da privação da liberdade por detenção em flagrante delito ou por ordem escrita de autoridade competente – art. 17.º. A par do princípio da legalidade o legislador constituinte reconsagrou o princípio da igualdade – art. 10.º.

O direito à liberdade de pensamento e de comunicação – que consigna o direito à palavra – fora consagrado no art. 13.º, abolindo-se, aparentemente, a dependência prévia da censura. O homem desde o primeiro texto constitucional que se tornara no centro da comunidade como sujeito e deixou, formalmente, de ser objecto do Estado ou do príncipe, em cujas manifestações se destacam a liberdade de pensar e de comunicar o que se pensa – materializando-se o direito à palavra.

No plano processual penal realça-se, novamente, a *inviolabilidade de domicílio* – «a casa do Cidadão é inviolável» (art.16.º ) –, cuja quebra, de noite, só por consentimento do próprio ou em caso de reclamação feita de dentro ou por necessidade de socorro ou para aboletamento de tropa e, de dia, nos casos e modo que a Lei estipular. Ancorada no mesmo espírito, a Constituição de 1838 mantém o segredo das cartas inviolável – *i. e.*, *inviolabilidade da correspondência* – art. 27.º. De relevar é a consagração do *direito de resistência* a qualquer ordem que manifestamente violar as garantias individuais – art. 25.º – e do *princípio da publicidade* da audiência dos tribunais – art. 128.º.

Como se depreende, os direitos e garantias do cidadão face à intervenção do Estado na vertente punitiva escrevem-se constitucionalmente.

**IV.** A **Constituição de 1911** – de 21 de Agosto de 1911 – que adopta como forma de Governo para a Nação Portuguesa a República, consagra a inviolabilidade dos direitos à liberdade, à segurança individual e à propriedade no art. 3.º. O direito à liberdade quer física quer psíquica parte do comando de que o *facere* ou *non facere* está vinculado à prescrição legal, *i. e.*, o homem gere a sua decisão livre dentro dos parâmetros normativos – §1.º. Todavia, como materialização do direito à liberdade – plano criminal – a Constituição de 1911 prescreve o princípio da culpa formada para a prisão – §16.º –, o princípio da prisão em flagrante delito ou por ordem escrita da autoridade competente – §18.º –, o princípio da *ultima ratio* da pena de prisão quando esta puder ser substituída por caução idónea – §17.º –, o princípio da responsabilidade subjectiva – §23.º –, o princípio da tipicidade e da legalidade penal – §21.º –, o princípio do regime mais favorável para revisão de sentenças – §24.º –, o princípio de indemnização por sentenças injustas ou erróneas – §34.º –, o princípio da jurisdicionalização na privação da liberdade – §35.º –, o direito de resistência a ordem violadora de garantias individuais – §37.º –, a consagração constitucional do direito à vida e à integridade física com a proibição da pena de morte e das penas corporais e de duração ilimitada – §22.º – e do instituto do *habeas corpus* – §31.º.

A par destes direitos e princípios, a Constituição de 1911 consagrou os direitos à *inviolabilidade do domicílio* – §15.º –, a *inviolabilidade* do segredo da *correspondência* – §28.º –, que exprimem a reserva da intimidade da vida privada, e à *palavra* – na expressão livre do pensamento, §13.º. Direitos estes que conflituam, hoje, na problemática da realização das escutas telefónicas.

**V.** A **Constituição de 1933** – 11 de Abril de 1933 – consagra os direitos e garantias individuais do cidadão no extenso art. 8.º. Quanto à problemática que nos acerca o espírito, consagra-se expressamente o direito à vida e integridade pessoal, conjugados com a proibição de penas corporais perpétuas e da pena de morte[65] – 1.º e 11.º –, o direito ao bom nome e reputação (honra) – 2.º. Consagrou-se a liberdade de expressão do pensamento sob qualquer forma – 4.º –, mas cujo exercício estava sujeito a regulação legal – §2.º.

No plano processual penal, destaca-se o direito à *inviolabilidade do domicílio* e da *correspondência*, contudo o exercício destes direitos ficavam sujeitos à determinação de lei – 6.º –, o direito à *liberdade* que só podia ser restringida com a prisão com culpa formada, em flagrante delito e em certos crimes ou ordem escrita de autoridade competente, podendo usar-se a providência do *habeas corpus* em caso de abuso de poder na prisão de um qualquer cidadão – 8.º e §§3.º e 4.º. O princípio da *legalidade* penal é, novamente, consagrado – «não ser sentenciado criminalmente senão em virtude de lei anterior que declare puníveis o acto ou omissão», 9.º – e o princípio do *contraditório* – «haver instrução contraditória, dando-se aos arguidos, antes e depois da formação da culpa, as necessárias garantias de defesa», 10.º –, assim como se reafirma o princípio da publicidade das audiências dos tribunais – art. 120.º. Pela primeira vez, o texto Constitucional fala em *prevenção* de crimes e em repressão que terão como fim a «defesa da sociedade e tanto quanto possível a *readaptação social* do delinquente»[66] – art. 123.º.

---

[65] Quanto à pena de morte, salvaguardava-se a sua existência nos casos de beligerância com país estrangeiro e a ser aplicada no teatro de guerra – 11.º.

[66] Itálico nosso

Curioso é a consagração do direito de *resistência* contra quaisquer ordens que violem garantias individuais desde que as garantias não estejam suspensas, podendo repelir à força qualquer agressão particular desde que não seja possível recorrer à autoridade pública – art. 8.º, 19.º.

Relativamente ao nosso estudo – realização das escutas telefónicas – os direitos, que hoje mais colidem com a sua realização, inviolabilidade das telecomunicações e correspondência, a palavra, a honra, em suma, a reserva da intimidade da vida privada, tinham expressão constitucional, independentemente da legislação que regulasse o seu exercício coarctar mais ou menos a sua extensão, alcance e conteúdo.

A 10.ª Revisão Constitucional da Constituição de 1933, Lei n.º 3/71, de 16 de Agosto, já sob o regime marcelista, reviu o art. 8.º, com maior incidência nos comandos relacionados com o direito criminal. A par do princípio da legalidade e como seu corolário, consagrou-se o princípio do regime mais favorável ao determinar-se que ninguém pode «sofrer pena mais grave do que a fixada ao tempo da prática do crime» e estendeu-se o princípio da legalidade penal às medidas de segurança – 9.º. Prescreve-se expressamente que ao arguido devem ser facultadas «as necessárias garantias de defesa» –10.º *in fine* – e que o direito de resistência não só se pode verificar quando um direito é infringido, mas também quando as liberdades e garantias individuais são infringidas – 19.º. O §3.º estipula limites à prisão preventiva – só para crimes puníveis abstractamente com pena de prisão superior a um ano e quando detido em flagrante delito – e o § 4.º determina que a prisão ou a detenção fora do flagrante delito só com ordem escrita de autoridade competente e que a prisão apenas se mantém caso não «possa ser substituída por medidas de liberdade provisória, legalmente admitidas, que sejam suficientes para a realização dos seus fins».

**VI.** A **Constituição da República Portuguesa de 1976** (CRP) é, por razões históricas e filosóficas, a carta mãe que mais restrições ao *ius puniendi* consagrou. Os princípios da legalidade penal e processual penal, da tipicidade, da não retroactividade, da aplicação do

*Escutas Telefónicas – da excepcionalidade à vulgaridade* 45

regime mais favorável, do princípio do acusatório, da presunção de inocência até transito em julgado, da jurisdicionalização total do processo crime, da proibição de provas obtidas com ofensa à dignidade da pessoa humana, de entre outros tantos demonstram a necessidade do *ius puniendi* se encontrar legitimado sob os auspícios da Constituição.

No plano dos direitos fundamentais, que mais se prendem com o nosso estudo, direito à reserva da intimidade da vida privada e familiar, à inviolabilidade das telecomunicações, da honra, da imagem, todos foram consagrados no texto originário de 1976 (art. 33.º e 34.º). A RC/82 alterou a numeração do art. 33.º para o art. 26.º, como hoje se mantém. A RC/89 elevou a direito fundamental o direito à palavra, conquanto a RC/97 estendeu a proibição de toda a ingerência aos «demais meios de comunicação», no n.º 4 do art. 34.º. A Constituição acompanha o evoluir dos tempos da modernidade nacional, regional e global.

Mas, o legislador constituinte não se limitou a enumerar ou a enunciar proclamatoriamente os direitos fundamentais. Consagrou comandos de criação formal e material de garantias do gozo e exercício desses direitos, ao determinar que «a lei estabelecerá garantias efectivas contra a utilização abusiva, ou contrária à dignidade humana, de informações relativas às pessoas e famílias» – n.º 2 do art. 26.º da CRP – e que «a privação de cidadania ou restrições à capacidade civil só podem efectuar-se nos casos e termos da lei», mas nunca por razões políticas – n.º 4 do art. 26.º da CRP, inserido pela RC/82 – e que «a lei garantirá a dignidade pessoal e identidade genética do ser humano» – n.º 3 do art. 26.º da CRP, aditado pela RC/97.

Como grande garantia, consagrou o primado da liberdade que se sobrepõe ao primado da segurança, com excepção dos estados de sítio ou de emergência. O primado da liberdade[67] emerge não só dos limites formais e materiais consagrados pelo art. 27.º da CRP, como

---

[67] Quanto à liberdade como princípio reitor de todo o processo penal, o nosso *Processo Penal* – Tomo I, Almedina, Coimbra, 2004, pp. 237-255.

também da sujeição ao direito – princípios, regras jurídicas, jurisprudência e doutrina – dos operadores judiciários, *maxime* OPC e AJ.

## 6. Direito Processual Penal

**I.** O processo penal, como doutrinária e apanagiamente se afirma, é direito constitucional aplicado. Se as Constituições eram alheias à sociedade, era a organização política do Estado, em que não se lhe impunha tarefas a favor dos cidadãos, em que o cidadão não era encarado como um sujeito de direitos e deveres, o direito processual penal não podia ser a carta por excelência da defesa dos direitos, liberdades e garantias contra os abusos e intromissões indevidas do *ius puniendi.*

O CPP/29, em pleno Séc. XX, é de inspiração marcadamente inquisitória. O domínio do processo pelo Juiz – designado por juiz polícia – anulando a acção do MP, conduziu ao designado «império dos juizes»[68]. O espírito inquisitório ou investigatório permanece no CPP de 1987[69] relativamente a uma das suas fases: o inquérito. A estrutura acusatória encontrava-se adiada.

---

[68] Cfr. ANTÓNIO RODRIGUES MAXIMIANO, "A Constituição e o Processo Penal – Competências e Estatuto do Ministério Público, do Juiz de Instrução Criminal e do Juiz Julgador", *in RMP*, Ano 2, 1981, p. 120.

[69] Sendo o nosso *direito penal um direito penal de culpa (a pena terá em regra como suporte axiológico-normativo uma culpa concreta)* e *norteado pela ideia de ressocialização* (art. 40.º CP/82), ter-se-ia de criar adjectivamente os meios eficazes na implementação da reinserção do delinquente. Cfr. JOSE SOUTO DE MOURA, "A dignidade da pessoa e poder judicial", *in RMP,* Ano 18, n.º 70, *1997,* pp. 92/93. Acresce dizer que este mesmo autor, na linha de que a "pena terá sempre como suporte axiológico-normativo uma culpa concreta" de modo a reinseri-lo na sociedade, defende que "a questão da escolha e da medida da pena não pode ser pensada só em sede de julgamento, antes deverá surgir logo no início do processo em termos de prognose, actualizável com as vicissitudes da investigação e processado em geral". Cfr. JOSÉ SANTO DE MOURA, "Inquérito e Instrução", *in Jornadas de Direito Processual Penal – O Novo CPP,* Almedina, Coimbra, 1955, p. 92.

No domínio total do *iter* do processo, o juiz relacionava-se directamente com o oficial de justiça e agente de autoridade como se depreende o art. 210.º do CPP/29, no que diz respeito à realização da intercepção de comunicações, ao se prescrever que «poderá o juiz ou qualquer oficial de justiça ou agente de autoridade, por sua ordem, ter acesso às repartições telefónicas para interceptar ou impedir comunicações, quando seja **indispensável** à instrução da causa»[70]. Mas, tais diligências «só **excepcionalmente** poderão ser ordenadas, devendo o juiz declarar previamente a sua necessidade em despacho fundamentado»[71], conforme § único do art. 210.º do CPP/29. Realce-se que o MP não exercia qualquer interferência no processo de intercepção das comunicações, cujo domínio da cena fica adstrito somente ao Juiz.

**II.** A consagração de uma estrutura acusatória do processo tem o seu primeiro fôlego em 1945[72]. O art. 14.º do Decreto 35 007 de 13/10/45 determina que «**a direcção da instrução preparatória cabe ao Ministério Público**, a quem será prestado pelas autoridades e agentes policiais todo auxílio que para esse fim necessitar». O CPP/29 conferia ao juiz não só competência para efectuar a instrução contraditória, como ainda a instrução preparatória, pois, com esta alteração, temperou-se o teor inquisitório do processo penal.

O Decreto 35007 visava evitar que existisse "a acumulação das duas actividades" (acusação e julgamento) "na competência do juiz",

---

[70] Negrito nosso.

[71] Negrito nosso. Curioso é que a excepcionalidade do meio de obtenção de prova escuta telefónica era tão evidente que, nas lições do Professor CAVALEIRO FERREIRA, de 1986, apenas encontramos uma pequena referência sem que sobre este meio de obtenção de prova se levantassem as questões que a doutrina 20 anos mais tarde tem levantado devido fundamentalmente à vulgarização da utilização do meio e, não sejamos avestruzes, à qualidade (social) dos sujeitos passivos das escutas telefónicas. Cfr. MANUEL CAVALEIRO DE FERREIRA, *Curso de Processo Penal,* Editora Danúbio, Lda., Lisboa, 1986, Vol. 1.º, p. 235.

[72] Cumprindo, aliás, uma exigência da Constituição de 1933.

ou seja, "subalternização ou redução a puro formalismo da actuação do Ministério Público", o que representava "um regresso ao tipo de processo inquisitório", no qual "o **juiz** é ao mesmo tempo, além de **julgador, acusador público**, substituindo-se nessa função ao Ministério Público, e **órgão de polícia** judiciária, enquanto dirige a recolha das provas da infracção destinadas a fundamentar acusação, *(...) o que* desvirtua a função judicial". Sem dúvida que deve existir uma "**oposição entre o zelo na investigação dos crimes,** na procura da verdade ante os artifícios, evasivas e dificuldades criadas pelos imputados e **a serenidade e calma que tem de presidir a todo o julgamento**. Se o juiz exercer plenamente a sua função policial e de acusação pública, não manterá facilmente a serena imparcialidade do julgador. Acresce que o juiz que exerce funções de polícia tem a natural propensão para a condenação pois a absolvição é em si mesma uma sindicância negativa à fase de investigação policial e às conclusões resultantes dessa mesma fase". Além do mais "o revigoramento da autoridade judicial tem de assentar na exclusão da sua competência das funções que não tenham carácter jurisdicional".

O **Ministério Público** foi criado *para subtrair a acusação ao poder judicial* e, como **órgão do Estado**, pertence-lhe *o exercício da acção penal,* uma vez que *o direito de punir é um direito exclusivo do Estado*, cumprindo-lhe o dever de "solicitar dos tribunais o reconhecimento do direito de punir do Estado, devendo este conceder-lhe um meio de poder justificar a sua actuação, ou seja, a instrução preparatória" que se "destina a fundamentar a acusação; logo, é ao **Ministério Público** que cumpre **recolher ou dirigir a recolha dos elementos de prova** bastantes para submeter ao Poder Judicial as causas criminais", devendo "o juiz ser alheio a esta fase processual", excepto quando da actividade investigatória resultar violação de direitos e de liberdades individuais[73].

O DL n.º 605/75, de 3 de Novembro, operou a segunda alteração ao CPP/29 ao criar o **inquérito policial** nos casos de julgamento

---

[73] Cfr. Preâmbulo do Dec. 35007 de 13 de Outubro de 1945.

em **processo correccional**, que por razões de aceleração da marcha do processo penal se entendeu dever "dispensar a instrução – quer a preparatória, quer a contraditória". Pois "a celeridade (...) é exigência da própria Justiça, a qual não se compadece com delongas na apreciação dos feitos penais, de que deriva a atenuação ou mesmo a extinção dos efeitos de prevenção geral que às penas cumpre assegurar, e ainda a necessidade de dar pronta satisfação à pressão dos interesses violados"[74].

**III.** Com o intuito de "adaptar a legislação processual penal às regras mínimas em matéria de direitos, liberdades e garantias", levando "à modificação imediata de normas de processo que enfermam de inconstitucionalidade", foi promulgado o DL n.º 377/77, de 6 de Setembro[75], que alterou a designação de inquérito policial para inquérito preliminar, porque esta designação melhor se adequava *à unidade do sistema jurídico*. Quer o inquérito policial, quer o preliminar eram da competência do Ministério Público, apesar das autoridades policiais deverem proceder ao inquérito preliminar dos crimes públicos punidos com pena correccional de que tenham conhecimento, uma vez que as mesmas deverão imediatamente comunicar ao MP que o podia avocar em qualquer momento ( artigos 3.º, n.º 1 e 3 do DL n.º 605/ /75 e 1.º, n.º 1 do DL n.º 377/77).

Como afirma J. SOUTO DE MOURA surge um processo inspirado no sistema francês, em que o MP é detentor de uma competência diversa da do juiz, procedendo ao inquérito aquando da investigação célere e simplificada de casos menos complexos, a cujos factos se aplicaria uma pena correccional; realizava, assim, a instrução preparatória relativamente a casos mais complexos ou de arguidos detidos (art. 1.º, n.º 1, 2.ª parte e n.º 2 do DL n.º 605/75 e 1.º, n.º 2 e 3 do DL n.º 377/77). Este autor defende ainda que a competência para

---

[74] Cfr. Preâmbulo do DL n.º 605/75, de 3 de Novembro.

[75] Quanto a este assunto, J. MARQUES BORGES e A. PROENÇA FOUTO, *Inquérito Policial – Inquérito Preliminar*, Artes Gráficas, 1978.

realizar o inquérito conferida à polícia não poderá ser considerada propriamente uma competência delegada[76]. A nosso ver a polícia (OPC) quando pratica actos relativos ao inquérito age no exercício pleno da sua competência enquanto "braço" do Ministério Público, pois «o Ministério Público é uma cabeça sem mãos»[77]. Era aliás nessa qualidade que os Órgãos de Policia Criminal sujeitavam a Termo de Identidade e Residência os arguidos por eles detidos, antes da revisão operada em 1998[78] que lhes veio conferir expressamente essa prerrogativa[79].

**IV.** Quanto às **escutas telefónicas**, há a referir que, quer o DL n.º 605/75 quer o DL n.º 377/77, mantiveram a salvaguarda de meios de prova previstos no art. 210.º do CPP/29. Quanto ao primeiro diploma, ainda sob a égide do Programa do Movimento das Forças Armadas que determinou, no plano das medidas a curto prazo, «a dignificação do processo penal em todas as suas fases, havendo o Ministério da Justiça, no seu Plano de Acção, aprovado em Conselho de Ministros de 20 de Setembro de 1974, considerado prioritária, em ordem ao cumprimento daquela directriz, a simplificação e celeridade do processo penal», o art. 2.º estipulava que, no inquérito policial, eram admissíveis todos os meios de prova permitidos em direito – n.º 1 – e que as buscas domiciliárias, autópsias e exames que pudessem ofender o pudor das pessoas examinadas dependiam de prévia autorização do Ministério Público – n.º 3.

---

[76] Cfr. J. SOUTO DE MOURA, "Inquérito...", *in Jornadas de Direitos...,* pp. 90/91.

[77] Cfr. JOSÉ MANUEL DAMIÃO CUNHA, *O Ministério Público e os Órgãos de Polícia Criminal no Novo Código de Processo Penal,* Universidade Católica editora, Porto 1993, p. 128 nota 40.

[78] Cfr. Lei n.º 59/98, de 25 de Agosto.

[79] Quanto ao Termo de Identidade e Residência (TIR), brevemente e tendo em conta uma interpretação sistemática do Código de Processo Penal, consideramos que os OPC, por iniciativa própria, só podem aplicar o TIR no caso concreto e específico do art. 385.º do CPP (ex. 387.º CPP), *i. e.,* no âmbito do processo sumário e se o arguido não puder ser presente ao juiz para julgamento em processo sumário, caso contrário não pode aplicar o TIR.

O Legislador submetia os meios de prova previstos no n.º 2 do art. 2.º do DL n.º 605/75 a autorização do MP, sem que afastasse os meios de prova previstos no art. 203.º e 204.º do CPP/29 e, em muito especial, no **§2.º do art. 210.º do CPP/29**, onde se consagrava que «poderá o juiz ou qualquer autoridade ou agente por sua ordem **interceptar, gravar e impedir comunicações**», quando seja indispensável à instrução da causa, nos termos que são estabelecidos no Código de Processo Penal ou em legislação especial, conforme artigos 209.º, 210.º e 211.º do CPP/29.

O DL n.º 377/77, já sob os princípios estruturantes do processo penal consagrados pela CRP/76, *maxime* art. 32.º, não só alterou a redacção dos preceitos do DL n.º 605/75 como alterou a dos preceitos do CPP/29, inclusive o art. 210.º – que se refere às escutas telefónicas. O art. 2.º do DL n.º 605/75 passou a consignar que, no inquérito preliminar, eram admissíveis todos os meios de prova permitidos em direito, tendo em conta que «as buscas, autópsias, vistorias, apreensões domiciliárias e exames que possam ofender o pudor das pessoas examinadas, **bem como as diligências referidas no artigo 210.º do Código de Processo Penal**, devem ser autorizadas pelo juiz de instrução, que a elas presidirá, salvo se as diligências se fizerem com o consentimento expresso, reduzido a escrito e assinado, da pessoa cujo pudor possa ser ofendido, de quem de direito relativamente ao autopsiado, daqueles em cujo domicílio se fizerem ou, em geral, da pessoa contra quem forem dirigidas» – al. *a)* do n.º 1.

O art. 210.º do CPP prescrevia que, no âmbito das escutas telefónicas, poderia «juiz, ou qualquer oficial de justiça ou agente da autoridade, por sua ordem, ter acesso aos referidos meios, para interceptar, gravar ou impedir comunicações, **quando seja indispensável à instrução da causa**, observando-se as disposições deste Código em tudo o que não for regulado na respectiva legislação especial», sem que se olvidasse que «**só excepcionalmente** poderiam ser ordenadas, devendo o juiz declarar previamente a sua necessidade em despacho fundamentado» – § 2.º do art. 210.º.

Realce-se, ainda, que o legislador não falava de meios de obtenção de prova, mas sim de meios de prova, conforme art. 2.º, n.º 1 e n.º 3, do DL n.º 605/75 e art. 2.º, n.º 1 do DL n.º 377/77, englobando no mesmo tipo conceptual quer os meios de prova – *p. e.*, testemunhas, al. *b)* do n.º 1 do DL n.º 377/77 – quer os meios de obtenção de prova – *p. e.* exames e buscas, al. *a)* do n.º 1 do DL n.º 377/77 – que a doutrina apartava[80].

**IV.** A Constituição da República Portuguesa de 1976 consagra a estrutura acusatória do processo criminal[81] e subordina ao princípio do contraditório a audiência do julgamento e, com a nova redacção, os actos instrutórios. O CPP/87 é direito constitucional aplicado e é uma garantia contra as agressões abusivas e ingerências inaceitáveis e inadmissíveis no exercício dos direitos e liberdades fundamentais. A estrutura processual penal portuguesa actual coloca ou deve colocar, no centro da decisão seja de investigação, seja de acusação, seja de pronuncia ou de sentença, o arguido como sujeito detentor de direitos fundamentais.

Mas, como já referimos, o modelo português não é totalmente acusatório[82], porque existe uma fase de inquérito que é dominada pelo princípio do inquisitório, cujo *dominus* é o Ministério Público, que tem o poder-dever de esclarecer oficiosamente o facto do objecto da . suspeita[83].

---

[80] Cfr. MANUEL CAVALEIRO DE FERREIRA, *Curso de Processo Penal*, Editora Danúbio, L.da., Lisboa, 1986, p. 220.

[81] GERMANO MARQUES DA SILVA afirma que a referência "constitucional à estrutura acusatória significa que o modo como estão dispostos os actos do processo é uma disposição do tipo acusatório". Cfr. GERMANO MARQUES DA SILVA, *Do Processo Penal Preliminar*, UCP, 1990, p. 61. Objectivo constitucional este cumprido como se depreende do preâmbulo do DL n.º 78/87, de 17 Fevereiro, no n.º 7, al. *a)*: "o Código perspectivou um processo de estrutura basicamente acusatória".

[82] Como se depreende do preâmbulo do DL n.º 78/87, de 17 Fevereiro, no n.º 7, al. *a)*: "Contudo procurou temperar o empenho na maximização da acusatoriedade com um princípio de investigação oficial, válido tanto para efeito de acusação como de julgamento".

[83] Cfr. GERMANO MARQUES DA SILVA, *Curso de Processo Penal,* Vol. I, pp. 37/38.

Escutas Telefónicas – da excepcionalidade à vulgaridade 53

Sendo a fase do inquérito aquela em que se efectuam diligências no sentido de investigar a existência de um crime, determinar os seus agentes e a responsabilidade deles, descobrir e recolher provas que levem a uma decisão ou não pela acusação, a direcção do mesmo cabe ao Ministério Público, assistido pelos órgãos de policia criminal que actuam sob sua directa orientação e dependência funcional[84][85][86].

Contudo, nem todos os actos são praticados pelo MP – art. 267.º CPP –, pois aqueles que põem em causa direitos, liberdades e garantias são da competência exclusiva do juiz de instrução – art. 268.º e 269.º do CPP –, como a intercepção de conversações e de

---

[84] Cfr. artigos 262.º, n.º 1 e 263.º do CPP. No preâmbulo do DL n.º 78/87 de 17 FEV, no n.º 7, al. *b)* afirma-se que se "optou decididamente por converter o inquérito, realizado sob a titularidade e direcção do MP, na fase geral e normal de preparar a decisão de acusação ou de não acusação, na qual os órgãos de polícia criminal são colocados na dependência funcional do MP".

[85] TERESA BELEZA, concordando com os vários votos de vencido do Acórdão do Tribunal Constitucional n.º 7/87, defende que a fase do inquérito deveria estar sob a direcção de um juiz de instrução como impõe a Constituição, não obstante o referido Acórdão não se ter pronunciado pela inconstitucionalidade desse preceito (art. 263.º do CPP). Cfr. TERESA BELEZA, *Apontamentos de Direito Processual Penal*, AAFDL, Lisboa, 1992, pp. 27 e ss.

[86] A fase do inquérito é uma fase em que o MP goza de amplos poderes (art. 267.º do CPP), em que a investigação decorre de forma secreta (art. 86.º do CPP) e escrita (art. 275.º do CPP), sendo vedado o acesso aos autos por parte da defesa, que ficam à guarda do MP. Quando arquivado o processo, os autos ou são remetidos para o tribunal competente para a instrução ou para o julgamento (art. 275.º, n.º 3 do CPP). O MP pode decidir pelo arquivamento dos autos, quando tiver provas suficientes para a não dedução da acusação de acordo com o art. 277.º do CPP, ou pode decidir pela acusação desde que existam indícios suficientes de se ter verificado a prática de um crime e de quem foi o seu agente (art. 283.º do CPP). Até este percurso o *dominus* do processo é o MP. Na fase preparatória o MP, após a entrada em vigor do CPP/87, passou a ser *a autoridade judiciária mais em evidência* no seguimento da viabilização *de um estatuto profissional forte* imposto pela CRP/76 (art. 219.º ), que o torna autónomo e lhe garante um estatuto próprio, ao qual corresponde também e decididamente *um estatuto processual penal forte*. Cfr. JOSÉ SOUTO DE MOURA, "Inquérito e Instrução", *in Jornadas de Direito Processual Penal...*, pp. 94/95.

comunicações, cuja realização carece de autorização do Juiz sob requerimento do MP ou da APC – conforme art. 268.º, n.º 2 *ex vi* n.º 2 do art. 269.º do CPP por imposição do art. 32.º, n.º 4, *in fine* da CRP.

O CPP limita a amplitude da fase inquisitória com a imposição de em todos os actos serem observados o respeito e a prossecução dos princípios da legalidade[87], da oficialidade[88], da verdade material e da lealdade – a proibição de obtenção de prova por métodos inidóneos[89] –, além de estarem vedadas certas competências ao Ministério Publico, cuja execução desses actos depende de autorização do Juiz de Instrução e outros que são de exclusiva competência deste – art. 268.º e 269.º do CPP –, dos quais se destacam as intercepções e gravações de conversas e comunicações.

A instrução[90], que visa a comprovação judicial da decisão da dedução da acusação ou do arquivamento do inquérito, tem carácter facultativo e, também, é dominada pelo princípio do inquisitório prosseguido pelo Juiz que 'acusa' de forma autónoma – art. 286.º e n.º 4 do art. 288.º do CPP. Consciente de que poder-se-á ter de proceder a novas diligências de prova – como os meios de obtenção de prova –, o legislador de 1987 consagrou que o juiz ordena a intercepção e gravação de conversações e comunicações – n.º 1 do art. 187.º e al. *e)* do n.º 1 do art. 269.º do CPP –, pressupondo, desde logo a possível necessidade de repetir diligências de prova.

A nova redacção do art. 187.º do CPP afastou a possibilidade de recurso à escuta telefónica na fase da instrução, ao estipular *ex lege* que "a intercepção e a gravação de conversações ou comunicações telefónicas **só podem ser autorizadas durante o inquérito**". Esta

---

[87] Cfr. artigos 262.º, n.º 2, 283.º do CPP.

[88] Cfr. artigos 48.º, 49.º, 50.º, 262.º, 271.º, 284.º e 285 do CPP.

[89] Cfr. n.º 8 do art. 32.º da CRP e o art.126.º do CPP.

[90] Por todos JOSE SOUTO DE MOURA, "Inquérito e Instrução", in *Jornadas de Direito Processual Penal*, pp. 116 e ss. e GERMANO MARQUES DA SILVA, *Do Processo Penal Preliminar*, pp. 241 e ss..

*Escutas Telefónicas – da excepcionalidade à vulgaridade*     55

alteração que, à partida restringe à fase do inquérito a diligência, poderá levantar questões de se saber se, tendo sido autorizada na fase de inquérito, pode decorrer após a acusação, tendo havido requerimento de abertura de instrução. A diligência poderá continuar na nova faze processual[91]? Eis uma questão de que nos debruçamos num ponto próprio. Mas, desde já, recusamos tal possibilidade, sob pena de estarmos a fazer uma interpretação extensiva não admissível constitucionalmente e pela doutrina. Defendemos, sempre, a interpretação restritiva das normas que restringem direitos, liberdades e garantias dos cidadãos.

A própria fase do julgamento[92], que assenta a sua estrutura numa base acusatória, em que a acusação está em pé de igualdade[93] com a defesa, é temperada pelo princípio da investigação judicial ao consignar que o tribunal «ordena, oficiosamente ou a requerimento, a produção de todos os meios de prova cujo conhecimento se lhe afigure necessário à descoberta da verdade e à boa decisão da causa» – art. 340.º do CPP[94]. Controversa era, sem dúvida, saber se podíamos admitir a realização de escutas telefónicas na fase de julgamento, cujo estudo se fará seguidamente. Face às alterações ao art. 187.º, esta discussão já não se coloca, porque legalmente é impossível recorrer à diligência na fase de julgamento.

O regime jurídico das escutas telefónicas sofreram uma grande evolução, cujas especificações de requisitos e condições prescritos nos artigos 187.º a 190.º do CPP, não têm precedente quer no CPP/29, quer com as sucessivas alterações, sendo a de maior significado a operada pelo DL n.º 377/77, na qual se prescreveu a «excepcionali-

---

[91] Quanto a esta questão, ANDRÉ LAMAS LEITE, "Entre Péricles e Sísifo: o Novo Regime das Escutas Telefónicas", in *RPCC*, Ano 17, n.º 4, 2007, pp. 618-620.

[92] Por todos ROBALO CORDEIRO, "Audiência de Julgamento", in *Jornadas de Direito Processual Penal – O Novo CPP*, Almedina, Coimbra, pp. 289 e ss. e os artigos 206.º da CRP e 87.º do CPP.

[93] Apesar de ser apenas uma igualdade instrumental.

[94] Cfr. GERMANO MARQUES DA SILVA, *Curso de Processo Penal,* Vol. I, p. 38 e a al. *a)* do n.º 7 do Preâmbulo do DL n.º 78/87, de 17 de Fevereiro.

dade» da autorização ou ordem. As alterações produzidas pela Reforma Penal de 2007, operadas pela Lei n.º 48/2007, de 29 de Agosto, procuram ser um equílibrio entre a defesa dos direitos, liberdades e garantias dos cidadãos (principalmente arguidos ou suspeitos) e a descoberta da verdade material e judicialmente válida imbuída de um espírito de eficácia na tutela de bens jurídicos individuais e colectivos afectados ou colocados em perigo de lesão por condutas humanas tipificas, ilícitas, culpáveis e puníveis.

CAPÍTULO III
# REGIME JURÍDICO

## 7. Meio excepcional de investigação: fundamentos

**I.** Os perigos de recurso imediato ou instantâneo a um meio de obtenção de prova que fere profundamente os direitos fundamentais é uma consequência directa ou indirecta da política criminal de criminalização seguida pela Europa, estruturada na base de uma política penal securitária, em que a segurança é o fiel da balança da liberdade e da justiça[95]. Como nos dão conta WINFRIED HASSEMER e MUÑOZ CONDE[96], a veia criminalizadora influencia o processo penal, cuja celeridade, facilidade e agilização de procedimentos contribuem para a diminuição ou, até mesmo, eliminação de garantias típicas de um Estado de Direito, das quais se salientam as relacionadas com a prática de prova.

Cabe-nos, operadores da justiça, olhar para os meios de obtenção de prova não só em uma vertente obcecada e extremada, confundindo política criminal com políticas de segurança, de eficácia e eficiência da investigação e prossecução da repressão (e não prevenção) criminal, como também partir do horizonte visível e palpável de que não existe exercício pleno de direitos, liberdades e garantias sem

---

[95] Sobre este assunto o nosso *Do Mandado de Detenção Europeu*, Almedina, Coimbra, 2006, pp. 106-108.

[96] Cfr. WINFRIED HASSEMER e FRANCISCO MUÑOZ CONDE, *La Responsabilidad por el Producto en Derecho Penal*, Tirant lo Blanch, Valencia, 1995, pp. 27, 28 e 38 e WINFRIED HASSEMER, *Persona, mundo y responsabilidad – Bases para una Teoría de la Imputación en Derecho Penal*, Tirant lo Blanch, Valencia, 1999, pp. 68/69.

segurança física e psíquica, que gera uma segurança cognitiva. O equilíbrio dos dois pratos da balança – liberdade e exercício de direitos *versus* segurança e prevenção/repressão do crime – nasce ou perspectiva-se alcançar na conjugação dos vectores criteriosos da excepcionaldade de determinados meios de obtenção de prova de que os OPC se socorrem para prosseguir as finalidades da investigação criminal.

**II.** A excepcionalidade[97] do meio de obtenção de prova escutas telefónicas – já vertida na alteração do art. 210.º do CPP/29 operada pelo DL n.º 377/77[98] – retira-se de três vectores fundamentais: por um lado, da sistematização dos meios de obtenção de prova; por outro, dos princípios inerentes e imanentes aos meios de obtenção de prova – princípio da legalidade, da proporcionalidade *lato sensu*, do interesse particular ou de defesa dos direitos fundamentais, do interesse público, da justiça, da boa fé; e, ainda, pela nova redacção do art. 187.º, que sujeita a utilização da escuta aos princípios da indispensabilidade da descoberta da verdade ou da impossibilidade ou da muita dificuldade de obter a prova por meio menos oneroso[99]. Acresce a este três grandes vectores, a limitação da autorização da diligência à fase de inquérito, requisito legal que lhe dá, ainda mais, natureza excepcional. Destes emergem vários princípios corolários que orientam e limitam a autorização por despacho de juiz da realização da escuta telefónica.

---

[97] Relativamente à excepcionalidade do recurso às escutas, MANUEL DA COSTA ANDRADE, "Sobre o regime processual das escutas telefónicas", *in RPCC*, Ano I, Fasc. 3.º, Jul/set, 1992, pp. 369 e ss., FRANCISCO ALONSO PÉREZ, *Medios de Investigación en el Proceso Penal*, 2.ª Ed., Dykinson, Madrid, 2003, pp. 403 e 404 e TERESA ARMENTA DEU, *Lecciones de Derecho Procesal Penal*, Marcial Pons, Ediciones Jurírcas y Sociales, S. A., Madrid e Barcelona, 2003, pp. 178 e ss..

[98] Cfr. *supra* Capítulo II – Resenha Histórica, 6. Direito Processual Penal.

[99] A nova redacção do n.º 1 do art. 187.º do CPP vem inscrever as posições que a doutrina mais defensora dos direitos, liberdades e garantias dos cidadãos, na qual nos inserimos e que escrevemos e partilhamos na 1.ª Edição deste livro, conforme se pode ler nas páginas 51-59, tinha vindo a defender face à elevada *danosidade social* provocada pela diligência.

Da **sistematização** dos meios de obtenção de prova podemos aferir que existe uma gradação dos meios a recorrer: exames, revistas, buscas, apreensões e escutas telefónicas. Não foi ao acaso que o legislador utilizou esta sistematização. Pois, dela poder-se-á retirar o sentido de que existe uma gradação dos meios de obtenção de prova face à probalidade de ferimento de direitos fundamentais – integridade pessoal, reserva da intimidade da vida privada, inviolabilidade do domicílio e das telecomunicações e da correspondência, imagem, palavra, honra – como se existisse uma escada ascendente a subir de acordo com o esgotamento da anterior e da necessidade para defesa da colectividade e do próprio agente ou suspeito do crime com fins de prevenção geral e especial.

Os OPC não podem, após a notícia do crime, solicitar de imediato autorização para realizar escutas telefónicas sem que primeiro se fundamente que os meios de investigação, até então usados, não são os adequados e proporcionais *stricto sensu* para prevenir e investigar o crime *sub judice*[100].

Como argumento desta nossa posição, chamamos à colação, como e., os crimes que podem ser investigados com o recurso à realização de escutas telefónicas: os que se enquadram no conteúdo de criminalidade grave e de complexidade e especificidade gravíssima e os de difícil prova sem a realização de escutas telefónicas[101], como o crime de injúrias praticado pelos meios de telecomunicações. A limitação legal do âmbito substantivo de recurso às escutas telefónicas, demonstra a excepcionalidade do meio em causa, que, como refere MATA-MOUROS[102], sofreu um *boom* nos idos de 2000, ou como escrevemos, vulgarizou-se a excepcionalidade.

**III.** A bússola da investigação criminal, no plano dos institutos jurídico-processuais de investigação criminal da prova real e pessoal,

---

[100] É neste sentido de demonstração objectiva de que os meios de obtenção de prova menos onerosos não são capazes de possibilitar a descoberta da verdade material que se deve ler a nova redacção do n.º 1 do art. 187.º do CPP.

[101] Cfr. n.º 1 do art. 187.º do CPP.

[102] Cfr. F. MATA-MOUROS, *Sob Escuta*, p. 64.

**deve nortear-se não só por regras de eficácia e eficiência e economia processual** – obedecendo ao sussurrar do «medo do perigo e da desestabilização das normas»[103] – como «coacção e controlo» a esse «medo do perigo e do debilitamento das normas»[104], mas também aquelas devem ser subjugadas aos princípios da legalidade, da proporcionalidade *lato sensu*, do interesse particular ou de defesa dos direitos fundamentais, do interesse público, da "concordância prática", da boa fé e da lealdade. Exagero a *priori*, não duvidamos; cauteloso é o nosso olhar.

**i.** Quanto ao **princípio da legalidade**[105], não basta que o meio de obtenção de prova esteja previsto na lei – artigos 187.º a 190.º do CPP –, pois impõe-se, como limite orientador e protector dos direitos individuais do cidadão suspeito e terceiro, que o recurso à realização das escutas preencha determinados pressupostos a montante e a jusante, ou seja, preencha «exigências de fundamento e critério» para que cumpra a sua *"função de garantia*, exigida pela ideia de Estado--de-Direito, contra o exercício ilegítimo (político-juridicamente ilegítimo) já abusivo (persecutório e arbitrário), já incontrolável (subtraído à racionalidade jurídico-dogmático e crítico-metodológica) do *ius puniendi"*[106].

A **montante**, o pedido para realização de escutas telefónicas efectuado pelo MP a solicitação do OPC deve, por um lado, respeitar a tipicidade substantiva – crimes que podem ser objecto de escuta telefónica –, por outro, deve respeitar a excepcionalidade do meio em causa, e, ainda, deve fazer referência de que a escuta telefónica não só é o meio adequado à prossecução dos fins do processo penal,

---

[103] Cfr. WINFRIED HASSEMER, *Persona, mundo y responsabilidad (...)*, p. 266.

[104] *Idem*, p. 268.

[105] Como defende FIGUEIREDO DIAS, "o princípio da legalidade defende e potencia o efeito de prevenção geral que está e deve continuar ligado não unicamente à pena, mas a toda a administração da justiça penal". Cfr. J. DE FIGUEIREDO DIAS, *Direito Processual Penal*, Coimbra Editora, 1981, p. 120.

[106] Cfr. A. CASTANHEIRA NEVES, "O princípio da legalidade criminal", *in Digesta*, Coimbra Editora, 1995, Vol. I, p. 353.

*maxime* investigação criminal, mas também é o meio necessário e o mais proporcional *stricto sensu* para a prossecução daqueles fins. O requerimento do MP para autorização de intercepção e gravação de conversações deve conter os fundamentos de facto e de direito de que o meio de obtenção de prova requerido é *indispensável* para a descoberta da verdade ou que o recurso ao mesmo se deve ao facto de todos os meios de obtenção de prova menos onerosos para os direitos e liberdades fundamentais se demonstram(aram) ineficazes, pelo que sem o mesmo é *impossível ou muito difícil* obter a prova[107].

A **jusante**, o despacho do juiz, que autoriza ou ordena, deverá ser, por um lado, um exame crítico às razões apontadas pelo MP e OPC e, por outro, deve ser fundamentado de facto e de direito[108] de forma a que os direitos e liberdades dos cidadãos, que tanto suor custou aos nossos antepassados, não estejam à mercê de um deferimento baseado na confiança no solicitante. A autorização do juiz deve ser um exame crítico às razões da *indispensabilidade* do recurso à intercepção e gravação das conversações para a descoberta da verdade ou à *impossibilidade ou muita dificuldade* da obtenção da prova por outro meio menos danoso para o(s) cidadão(s). Como juiz das liberdades, não pode ter uma conduta de concordância pacífica e, nesta linha, ser mais um actor judiciário de acusação.

**ii.** Relativamente ao **princípio da proporcionalidade *lato sensu* ou da proibição do excesso**[109-110], deve-se repartir nos seus corolá-

---

[107] Esta posição doutrinal encontra-se hoje prescrita no n.º 1 do art. 187.º do CPP.

[108] Quanto à fundamentação de facto e de direito do requerimento e do despacho de autorização ou de ordem do juiz, veja-se al. *b)* do n.º 1 e n.º 4.º do art. 97.º do CPP.

[109] Quanto a este princípio no recurso às escutas, MANUEL DA COSTA ANDRADE, "Sobre o Regime Processual Penal das Escutas telefónicas", *in RPCC*, Ano I, Fasc. 3, pp. 386 e ss., FRANCISCO ALONSO PÉREZ, *Medios de Investigación ...*, pp. 404 a 406, HENRY-D. BOSLY e DAMIEN VANDERMEERSCH, "La loi Belge du 30 Juin 1994 relative a la protection de la vie privée contre les ecoutes, la prise de connaissance et de telecomunications et de telecomunications privées », *in Revue de Droit Penal et de Criminologie*, 75.º année, Avril 1995, pp. 319-322.

[110] GOMES CANOTILHO e VITAL MOREIRA defendem que as restrições aos direitos fundamentais são constitucionalmente excepcionais e que esta excepcio-

rios directos – adequação, exigibilidade e necessidade, proporcionalidade *stricto sensu* – e em um corolário indirecto – subsidiariedade. Princípio de consagração constitucional no art. 18.º, n.º 2 e no art. 266.º, n.º 2 da CRP. Consideramos que os pressupostos da proporcionalidade *lato sensu* prescritos para a *lege ferenda* devem-se verificar e materializar na interpretação e aplicação da norma sempre que em causa se possa restringir ou coarctar direitos, liberdades e garantias, *i. e.*, o art. 18.º, n.º 2 da CRP, deve verificar-se sempre na operacionalização da lei criminal. O freio ao arbítrio ou ao abusivo recurso às escutas retirava-se da parte final da anterior redacção do n.º 1 do art. 187.º do CPP, ao sujeitar a solicitação – requerimento –, a autorização ou a ordem de realização de escutas telefónicas a razões de crença de «que a diligência se revelará de **grande interesse** para a descoberta da verdade ou para a prova»[111]. A nova redacção do n.º 1 do art. 187.º do CPP reforça o freio anterior ao arbítrio ou ao recurso desmedido às intercepções e gravações de comunicações ao determinar que, a par da autorização judicial, se impõe que o recurso a este meio de obtenção de prova seja "**indispensável** para a descoberta da verdade" ou que "a prova seria, de outra forma, **impossível ou muito difícil de obter**"[112]. Se a verdade já estiver descoberta e se houver prova suficiente para acusar ou não acusar ou para pronunciar ou não pronunciar, a diligência não reveste qualquer interesse judiciário.

---

nalidade, como o caso das escutas telefónicas que restringem os direitos fundamentais da *palavra falada*, da *confidencialidade da palavra falada*, da *reserva da intimidade da vida privada*, se encontra subordinada "aos princípios jurídico-constitucionais das leis restritivas referidas no art. 18.º (necessidade, adequação, proporcionalidade, determinabilidade). No que respeita à lei restritiva, esta não pode legitimar *escutas telefónicas* (intercepção, gravação de conversação ou comunicações telefónicas) para a investigação de quaisquer crimes, devendo limitar-se a crimes particularmente graves". Cfr. GOMES CANOTILHO e VITAL MOREIRA, *Constituição da República Portuguesa Anotada*, 4.ª Edição, Coimbra Editora, Coimbra, 2007, p. 543.

[111] Negrito nosso.

[112] Cfr. n.º 1 do art. 187.º do CPP. Negrito nosso.

# Escutas Telefónicas – da excepcionalidade à vulgaridade

A decisão pela solicitação – primeira triagem do MP – de autorização para realização das escutas telefónicas e o sequente despacho de autorização ou ordem do juiz deve fundar-se em pressupostos de **adequação** do meio de obtenção de provas reais e pessoais para o caso concreto, *i. e*, para a prossecução dos fins visados na prevenção e investigação do facto delituoso *sub judice* e não em abstracto. Se o MP, após o estudo criterioso das circunstâncias factuais apresentadas pelo OPC detentor do processo, considerar que com a realização de uma busca domiciliária atingem-se os mesmos objectivos – descoberta e recolha de prova real e contacto e localização de prova pessoal e a descoberta da verdade – que se atingiriam com a realização de escutas telefónicas, não deve solicitar a realização destas, mas antes a autorização para proceder a uma busca domiciliária ou a outro meio de obtenção de prova, por ser adequada aos fins do processo. Por maioria de razão se impõe o mesmo raciocínio para o juiz, a quem cabe decidir, fundamentadamente, sobre a solicitação. O raciocínio da indispensabilidade ou da impossibilidade impenderá, necessariamente, a um juízo de adequação da diligência para a descoberta da verdade e obtenção da prova.

A **exigibilidade** e/ou **necessidade** do meio em estudo impõe-se quer em uma perspectiva material quer em uma perspectiva filosófico-jurídica. A realização das escutas não se esgota em um olhar de eficácia, de eficiência e/ou economia processual e, ainda, de celeridade processual. Os fins do processo penal[113] – realização da justiça e descoberta da verdade, protccção dos direitos fundamentais, restabelecimento da paz jurídica e "concordância prática" – não podem ser examinados isoladamente, pois são estrutura maciça de um todo, que se entrelaça e se interliga, cujas decisões devem co-ponderar para que uma finalidade não se absolutize e aniquile a(s) outra(s). Como afirma W. HASSEMER, "um míope entendimento do que se considera hoje como um direito penal eficaz pode ser, mais tarde, contraproducente"[114].

---

[113] Cfr. FIGUEIREDO DIAS, *Direito Processual Penal*, pp. 20 a 26.
[114] Cfr. WINFRIED HASSEMER, *Persona, mundo y responsabilidad (...)*, p. 95.

Os pressupostos de eficácia e eficiência no 'combate' ao crime preenchem o ideário ilustrativo da política de segurança e afastam-se da estratégia de um política criminal direccionada para a prevenção criminal *lato sensu*: prevenção criminal nos sentidos de vigilância e prevenção criminal *stricto sensu* do n.º 3 art. 272.º da CRP [115]; e prevenção geral – negativa e positiva – e prevenção especial do direito punitivo. Absorvidos por este sentido de retracção à reacção contra o medo com medidas de investigação preventivas coactivas, a decisão quer pela solicitação pelo MP quer do despacho de autorização ou ordem do juiz obriga que aqueles façam um juízo valorativo da necessidade ou exigibilidade da realização das escutas telefónicas não em abstracto, mas *in casu concreto*. A alteração sofrida pelo art. 187.º inculca, ainda mais, ao MP e ao juiz (JIC) o dever de proceder a um juízo de exigibilidade e de necessidade de recurso à intercepção e gravação das conversações e comunicações, como se pode retirar da imposição de verificação em concreto da indispensabilidade da diligência ou da demonstração da impossibilidade de obtenção de prova por outro meio.

O **princípio da proporcionalidade** *stricto sensu* consigna, por seu turno, que a solicitação ou a decisão de autorização ou de ordem de realização das escutas telefónicas emirja, como meio legal de investigação criminal que afecta, directa e indirectamente, direitos fundamentais do cidadão suspeito e do cidadão terceiro – intermediário ou vítima[116] –, de uma justa e proporcional ponderação entre o meio em si mesmo e os fins almejados, *i. e.*, terá de se verificar uma proporcionalidade quanto às finalidades do processo *sub judice* – quer de prevenção quer de investigação criminal – e quanto à gravidade do

---

[115] Quanto à análise da dupla vertente da prevenção criminal, os nossos estudos *Dos Órgãos de Polícia Criminal – Natureza, Intervenção, Cooperção,* Almedina, Coimbra, 2004, pp. 18 e ss. e *Regime da Investigação Criminal Comentado e Anotado*, 3.ª Edição, Almedina, Coimbra, 2006, pp. 31-33.

[116] A escuta das conversações da vítima e respectiva gravação da comunicação só é admissível com o seu consentimento, efectivo ou presumido, conforme al. c) do n.º 4 do art. 187.º do CPP.

Escutas Telefónicas – da excepcionalidade à vulgaridade    65

crime em investigação ou a investigar[117]. Pressupostos estes de verificação cumulativa. Ao se sujeitar o recurso às escutas telefónicas ao princípio da impossibilidade da obtenção da prova "de outra forma", o legislador de 2007 impôs que se respeite o princípio da razoabilidade ou da proporcionalidade *stricto sensu* desta diligência, cabendo aos operadores judiciários a obrigação de provar a impossibilidade ou a dificuldade de um meio menos oneroso poder obter a prova para o processo na fase de inquérito.

Filho ilegítimo do princípio da proporcionalidade, mas legítimo do princípio da exigibilidade ou da necessidade, encontra-se o princípio da **subsidiariedade**[118], que deverá pesar na decisão de quem solicita e de quem decide pelo despacho de autorização ou de ordem à realização das escutas telefónicas. Ousando designá-lo de princípio da escadaria ascendente, como já referimos, o MP só deve solicitar a realização das escutas se os meios de obtenção de prova – exame, revistas, buscas, apreensões e posteriores exames periciais aos objectos apreendidos (*p. e.*, perícia a um documento, a uma carta para verificação de caligrafia, a dactiloscopia, ...) – não forem os adequados, os necessários e proporcionais *stricto sensu* para a concretização das finalidades do processo – quer inculpem quer absolvam. Na linha de RUDOLPHI[119], como dimensão colateral, impõe-se a exigência de idoneidade da diligência no respeito do princípio da subsidiariedade.

---

[117] Quanto à proporcionalidade *stricto sensu* no recurso a meios de obtenção de prova, o nosso *Regime Jurídico do Agente Infiltrado Comentado e Anotado*, (co-autoria F. GONÇALVES e M. J. ALVES), Almedina, 2001, p. 83.

[118] Quanto a este assunto, FIGUEIREDO DIAS, *Direito Penal Português – As Consequências Jurídicas do Crime*, Aequitas – Editorial Notícias, 1993, p. 446, §705. No âmbito das escutas telefónicas, MANUEL DA COSTA ANDRADE, "Sobre o Regime Processual das Escutas...", *in RPCC*, Ano I, Fasc. 3, pp. 387, BOSLY e VANDERMEERSCH, "La Loi Belge du 30 Juin 1994...", *in RDPC*, 75.º Année, 1995, pp. 322 e 323.

[119] Cfr. RUDOLPHI *apud* M. DA COSTA ANDRADE, *Sobre os Meios Proibidos de Prova...*, p. 291.

**iii.** O princípio da **garantia e defesa dos interesses do cidadão suspeito (arguido e/ou intermediário)** ou dos **direitos fundamentais** brota de uma das finalidades cruciais do processo penal. A protecção dos direitos fundamentais das pessoas, sejam ou não suspeitos da prática de um determinado crime, não se esgota na individualidade do visado, pois tutela, sobremaneira, "o interesse da comunidade de que o processo penal decorra segundo as regras do Estado de Direito"[120]. Se *A* é suspeito de tráfico de droga – crime p. e p. pelos arts. 21.º e ss. do DL n.º 15/93, de 20 de Janeiro –, não se afigura legalmente admissível as escutas telefónicas entre ele e outrém insuspeito, mesmo socorrendo-nos do princípio da verdade material que claudica quando a lesão aos direitos fundamentais é mais grave do que a não aplicação das consequências jurídicas do crime. O novo n.º 4 do art. 187.º do CPP, ao prescrever quem são os sujeitos passivos possíveis de serem visados com a diligência, veio restringir por lei positiva a agressão dos direitos fundamentais da reserva de intimidade da vida privada e da palavra e, consequentemente, veio limitar quaisquer interpretações extensivas de utilização da diligência sobre pessoas que não sejam suspeitos/arguido, intermediário ou vítima de crimes, cuja prova só seja possível obter por meio da escuta telefónica ou da intercepção de qualquer outro meio de comunicação.

**iv.** O princípio da **prossecução do interesse público** no mais lato sentido – prevenção criminal de modo que se viva em segurança e se exerça os direitos e liberdades sem «medo do perigo e do debilitamento das normas jurídicas» – ancora-se nas finalidades do processo penal da realização de justiça e da descoberta da verdade material, como ensina FIGUEIREDO DIAS, "por detrás da imposição de uma pena está uma finalidade de prevenção geral de integração e, portanto, uma exigência de verdade e de justiça na aplicação da sanção"[121]. O interesse público no restabelecimento da paz jurídica "posta em causa pelo crime – ou até pela suspeita da prática do crime" abraça

---

[120] Cfr. FIGUEIREDO DIAS, *Direito Processual Penal*, pp. 22.
[121] *Ibidem.*

# Escutas Telefónicas – da excepcionalidade à vulgaridade

não só o arguido – que deve «ser julgado no mais curto prazo compatível com as garantias de defesa», art. 32.º, n.º 2 da CRP –, como também a comunidade jurídica, "que reforça a sua fidelidade aos bens jurídico-penais, apesar do crime"[122]. A sujeição a um maior rigor dos requisitos para requerimento e autorização da intercepção das comunicações é manifestação de que o interesse público da realização da justiça sem agressão indiscriminada aos direitos fundamentais dos cidadãos[123] fora colocado em crise pela vulgarização de uma diligência excepcional e que, constitucionalmente, só é admissível para processos crimes.

**v. O princípio da lealdade** e da **boa fé**[124] impele que os operadores judiciários não obtenham a prova «mediante tortura, coacção, *ofensa da integridade* física ou *moral da pessoa, abusiva intromissão na vida privada*, no domicílio, *na correspondência* ou nas *telecomunicações*»[125] – n.º 8 do art. 32.º da CRP, cuja materialização adjectiva se expressa no art. 126.º do CPP. O princípio da lealdade[126], como princípio "de natureza essencialmente moral"[127], deve traduzir "uma maneira de ser da investigação e obtenção das provas em conformidade com o respeito dos direitos da pessoa e a dignidade da justiça"[128], é um princípio integrante do processo penal, uma vez que impõe aos agentes que operam a administração da justiça a obrigatoriedade de actuarem no estrito respeito pelos valores próprios da

---

[122] *Idem*, p. 24.

[123] Veja o famoso caso do Envelope 9.

[124] Princípio de consagração constitucional recente, figurando *in fine* n.º 2 do art. 266.º da CRP com a 4.ª Revisão Constitucional – Lei Constitucional n.º 1/97.

[125] Itálico nosso.

[126] Quanto ao princípio da lealdade, os nossos estudos *Dos Órgãos de Polícia...*, pp. 67-73 e *Regime Jurídico da Investigação...*, pp. 42-44.

[127] Cfr. GERMANO MARQUES DA SILVA *apud* TEREZA BELEZA, *Apontamentos de Direito...*, III Vol., p. 65.

[128] GERMANO M. DA SILVA *apud* TEREZA BELEZA, *Apontamentos de Direito...*, III Vol., p. 65; Cfr. G. MARQUES DA SILVA, *Curso de Processo Penal*, Verbo, Lisboa/S. Paulo, Vol. I e Vol. II, pp. 53 e 161.

pessoa humana, como a sua dignidade (valor supremo que se sobrepõe aos próprios fins de justiça), como a sua integridade pessoal (física ou moral)[129], cuja "interdição é absoluta"[130], como o respeito pela personalidade humana[131] e o respeito pela realização de justiça, que não se alcança quando *a priori* esses agentes se socorrem de meios de obtenção de prova e de investigação inidóneos e inaceitáveis pela comunidade[132] que violam o pilar central do processo penal: o respeito da dignidade da pessoa humana[133].

A busca da verdade material não é ilimitada ou cega, impõe-se que aquela indagação jurídico-operacional se proceda, como afirma CLAUS ROXIN, de acordo com "«o mais alto princípio de todo o processo penal: o da exigência de *fair trail*», de um *procedimento leal*"[134]. A realização da justiça não se vislumbrará se, apesar de ao crime em investigação couber a realização de escutas telefónicas, o juiz despachar autorização ou ordem sem se preencherem os pressupostos filosóficos jurídicos – princípios. A desnecessidade e a dispensabilidade da realização da escuta telefónica, assim como a possibili-

---

[129] Cfr. 1ª parte do n.º 8 do art. 32.º e n.ºs 1 e 2 do art. 26.º e art. 25.º da CRP.

[130] Cfr. G. CANOTILHO e VITAL MOREIRA, *Constituição da República Portuguesa Anotada,* 3.ª Edição, p. 206.

[131] Cuja tutela geral está consagrada no art. 70.º do CCiv., que, segundo RABINDRANATH CAPELO DE SOUSA, imprime o respeito que todos devem ao homem como um ser intelectivo capaz de "perceber e entender dados dos sentidos, de organizar e orientar os sentimentos (...), em suma, de pensar e conhecer". Cfr. RABINDRANATHC DE SOUSA, *O Direito Geral da Personalidade,* Coimbra Editora, 1995, p. 234.

[132] Neste mesmo sentido e quanto às escutas telefónicas, já escrevera há muito tempo JORGE DE FIGUEIREDO DIAS, *Direito processual Penal,* colecção clássicos jurídicos, pp. 456 e ss..

[133] Neste sentido G. M. DE SILVA, *Curso de Processo Penal,* Vol. I e II, pp. 53 e 161.

[134] Cfr. CLAUS ROXIN, *Derecho Procesal Penal,* (Tradução da versão alemã da 25.ª Edição para o espanhol de GABRIELA E. CÓRDOBA e de DANIEL R. PASTOR), Editores del Puerto s.r.l., Buenos Aires, 2000, p. 72, e de l *apud* FIGUEIREDO DIAS, "Do princípio da «objectividade» ao princípio da «lealdade» do comportamento do Ministério Público no Processo Penal", (Anotação ao Ac. STJ n.º 5/94, Proc. n.º 46444), *in Revista de Legislação e Jurisprudência,* Ano 128, n.º 3860, pp. 344 e ss.

*Escutas Telefónicas – da excepcionalidade à vulgaridade* 69

dade de obtenção da prova por meios menos agressivos para os cidadãos, ofende o princípio da lealdade[135] e, automaticamente, os direitos fundamentais da inviolabilidade das telecomunicações, da reserva da intimidade da vida privada, da integridade pessoal e da *palavra falada* e da *confidencialidade da palavra falada*.

**vi.** A "**concordância prática**", como uma das finalidades do processo penal, deve ser encarada no momento da decisão de solicitação ou do despacho de autorização ou ordem de realização das escutas telefónicas, no sentido de que existindo um "carácter irremediavelmente antinómico e antitético, *in casu*"[136], das finalidades, "o remédio para esta impossibilidade de harmonização integral das finalidades do processo penal estará numa tarefa – infinitamente penosa e delicada – de operar a *concordância prática das finalidades em conflito*"[137]. Tarefa esta que conduz à "compressão das finalidades em conflito, por forma a atribuir a cada uma a máxima eficácia possível: de cada finalidade há-de salvar-se, em cada situação, o máximo conteúdo possível, optimizando-se os ganhos e minimizando-se as perdas axiológicas e funcionais"[138].

Como critério geral, FIGUEIREDO DIAS defende, e bem, uma optimização das finalidades em conflito, existindo casos em que se impõe "eleger uma só das finalidades, por nelas estar em causa a intocável dignidade da pessoa humana"[139], impelindo-se que, sempre que esteja em causa a dignidade da pessoa humana do arguido ou de outrém, não se promove qualquer transação, dando primazia absoluta à finalidade que melhor protege e garante o respeito da dignidade da

---

[135] Neste sentido e afirmando que os direitos fundamentais exigem um "*procedimento penal levado a cabo com lealdade* e de acordo o Estado de Direito", CLAUS ROXIN, *Derecho Procesal Penal*, (tradução da versão alemã da 25.ª Edição para espanhol, de GABRIELA E. CÓRDOBA e de DANIEL R. PASTOR), Editores del Puerto s.r.L., Buenos Aires, 2000, pp. 13, 79-80, 101, 194, 359, 403 e 450.

[136] Cfr. FIGUEIREDO DIAS, *Direito Processual Penal*, p. 25.

[137] *Ibidem*. Teoria K. HESSE no plano dos direitos fundamentais no termos jurídico-constitucionais.

[138] *Ibidem*.

[139] *Ibidem*.

pessoa humana[140]. Da reforma operada pela Lei n.º 48/2008, de 29 de Agosto, no que respeita às escutas telefónicas, podemos afirmar que o princípio da "concordância prática" deve ser o fiel que fará vingar a fundamentação da decisão face aos quesitos legais, face aos princípios da indespensabilidade da diligência ou da impossibilidade de alcance da prova por outro meio ou técnica de investigação. Podemos afirmar que este princípio fará a diferença entre o recurso à inteligência investigatória – *engenho e arte* – e o recurso à subjogação da investigação à tecnologia, ou seja, à desumanização da investigação criminal.

Cabe ao juiz, na harmonização das finalidades do processo penal e dos princípios que norteiam o recurso aos meios de obtenção de prova potencialmente mais violadores dos direitos fundamentais, dar primazia aos que garantem com maior vigor o respeito da dignidade da pessoa humana.

## 8. Legitimidade e a «demanda da segurança»

**I.** A acção do Estado, na desenvoltura da tarefa ou missão fundamental liberdade/segurança para garantia de exercício pleno dos direitos fundamentais dos cidadãos, não lhe basta pedestalizar uma delas e destronar a outra, pois tal sacralização conduziria ou a uma anarquia total ou a um Estado polícia. A harmonização inerente ao convívio mútuo entre liberdade e segurança[141] impele à cedência de um em detrimento do outro sem que algum perca o seu conteúdo e alcance essencial e, nunca, algum deles pode ferir a área centrífuga da dignidade da pessoa humana.

À actividade investigatória criminal do Estado – desenvolvida pelos OPC, sob olhar fiscalizador e orientador da AJ – não lhe basta arrogar-se da legalidade positiva para se sentir dotada do verdadeiro

---

[140] *Idem*, p. 26.
[141] Quanto à dialéctica segurança e liberdade, o nosso *Mandado de Detenção Europeu*, Almedina, Coimbra, 2006, pp. 99-119.

mandato ou *lex* do povo. Todavia, não basta a conformidade com a lei positivada, pois carece de legitimidade na dupla vertente: a lei deve imanar do órgão eleito pelo povo, por um lado; e, por outro, deve sentir-se necessária e útil aos olhos dos demais cidadãos. Quanto à primeira vertente, não duvidamos de que se encontra preenchida face à origem orgânica do CPP. Dúvidas se levantam relativamente à vertente da necessidade e da utilidade: conduzirá e fundamentará critérios de eficácia e permitirá vinculá-los à não violação de direitos fundamentais, mesmo que, para tal, se abdique de descobrir a verdade material?

Como já referimos, a legitimidade da prescrição legal da realização das escutas telefónicas e posterior recurso a esse método de recolha, descoberta ou localização e contacto de provas deve nascer de uma política criminal direccionada para o homem sujeito e não para o homem objecto – dos outros e do Estado. A legitimidade há-de, inequivocamente, brotar da prossecução da finalidade máxima do processo penal – protecção dos direitos fundamentais das pessoas – que colocará no alto do obelisco o pilar central do Estado de direito democrático – respeito da dignidade da pessoa humana.

LUIGI FERRAJOLI identifica as fontes da legitimação do poder judicial com "o sistema das garantias, ou seja, dos limites e vínculos – primeiro entre todos, o princípio da estrita legalidade penal – destinados a reduzir ao máximo o arbítrio dos juizes, para tutela dos direitos dos cidadãos"[142]. Acrescentamos à teorização de FERRAJOLI, a liberdade como limite imanente de todo o poder – quer político quer executivo quer judicial –, porque não é só condição transcendental de comunicação humana e intrapessoal[143], mas apresenta-se kantianamente como o mais alto princípio da justiça. O culto da liberdade e o exercício da liberdade converteram-na em princípio, cuja limitação ou

---

[142] Cfr. LUIGI FERRAJOLI, "Jurisdição e democracia", *in RMP*, Ano 18.º, Out./Dez., 1997, n.º 72, p.20.

[143] Quanto a este assunto WINFRIED HASSEMER, "Alternativas al principio de culpabilidad?", *in Cuadernos de Política Criminal*, Instituto Universditario de Criminología – Universidad Complutense de Madrid, n.º 18, 1982, pp. 473 e ss..

restrição não pode alguma vez ferir o seu núcleo essencial – dignidade da pessoa humana – que impõe que, em conflito com o poder, se preserve e se reclame a protecção da dignidade[144].

II. Contudo, a nossa miopia induz-nos a olhar para o homem, nos nossos dias, não como um sujeito – dotado de direitos e de deveres –, mas como instrumento da comunidade, como objecto de um único percurso para uma única meta – descoberta da verdade. Nem a valoração do homem ético de CASTANHEIRA NEVES nem do homem político de JOHN RAWLS travam a tão bem caracterizada, pela por ANABELA MIRANDA RODRIGUES, «demanda da segurança» – a cruzada dos nossos representantes – ou o «progresso do retrocesso».

Perdoem-nos a ousadia de acrescer a este sintoma de enfermidade generalizada que esta demanda é desorganizada no intelecto, na formalização e na materialização. Procuraremos explicar esta tríplice preocupação desesperada com o exemplo de quem constrói uma casa: do *intelecto* esquematiza-se os alicerces no plano de servir a elevação dos pilares e acento das traves mestras e paralelas ou secundárias, aos quais se aplicam as conhecidas placas de betão aramado ou falso e se ornam com paredes exteriores – duplas – e interiores – simples –, terminando com o telhado capaz de suportar os invernos tenebrosos e os verões escaldantes; desta visionalização intelectual o arquitecto *formaliza*-a transcrevendo-a para o papel, que por sua vez o pedreiro *materializa*-a para deleite dos nossos olhos, como se tratasse de uma obra de Deus. Qual o ponto de partida da «demanda da segurança»? Se é que há ponto de partida?

A «demanda da segurança» sai da materialização e formaliza-se e, quando em vez, intelectualiza-se de forma 'atabalhoada' e 'desordenada', originando políticas de segurança precárias e reactivas quer no plano legisferante quer no plano executivo da intervenção do Estado, cozendo o retalho que se descoseu ou a parte do tecido, ainda bom,

---

[144] Quanto a este assunto, JOSÉ SOUTO DE MOURA, "Dignidade da pessoa e poder judicial", *in RMP*, Ano 18.º, Abril/junho, 1997, n.º 70, p. 95 e ss..

*Escutas Telefónicas – da excepcionalidade à vulgaridade* 73

que se rasgou com o esforço inadequado dos homens servidores do Estado. A «demanda da segurança» converteu-se, nos nossos dias, em elixir dos políticos na busca do apoio popular[145], muitas vezes ou praticamente sempre, apresentou-se como bandeira de campanha, vertendo no futuro próximo uma política securitária isolada da política criminal.

Como agravo, acrescenta PERFECTO ANDRÉS IBÁÑEZ, "O político pragmático – (...) – quer soluções rápidas para os problemas que o preocupam, tratando-se geralmente numa perspectiva conjuntural, marcada pela cadência das datas eleitorais. Precisa de encontrar para esses problemas causas facilmente identificáveis e cómodos sujetos-objecto de imputação. (...) Com essa inspiração redutora, forma abrindo caminho, na doutrina e também em diversas legislações, propostas que se orientam para o alargamento das margens de discricionaridade no exercício da acção penal, para propiciar a negociação da pena com o arguido, para ensaiar formas processuais expeditas, só para baixar os custos do processo penal, que ostensivamente se administrativiza", desjudicializando-se e desligitimando-se a razão de intervenção punitiva do Estado.

Preocupação maior mostra F. MUÑOZ CONDE, a qual partilhamos, quando afirma que, após o 11 de Setembro de 2001, o Direito penal – direito de tutela das garantias e dos direitos fundamentais dos cidadãos, transformou-se em um "Direito penal bélico, um «Direito penal do inimigo» (...), em que as garantias praticamente desapareceram para converter-se exclusivamente em um instrumento que busca a toda a custa a segurança cognitiva, por cima de qualquer outro valor de direito fundamental", regressando-se "ao tempo mais obscuro do Direito penal totalitário"[146].

Ao virar da esquina, a luta pela dignidade do homem e pela defesa dos direitos fundamentais desvanece-se e o manto protector

---

[145] Cfr. PERFECTO ANDRÉS IBÁÑEZ, "Por um Ministério Público «dentro da legalidade»", *in RMP*, Ano 18.°, Abril/Junho, 1997, n.° 70, p. 11.

[146] Cfr. FRANCISCO MUÑOZ CONDE, "Prólogo a la Edición española", *in La Ciencia del Derecho Penal Ante el Nuevo Milenio*, Tirant lo Blanch, Valencia, 2004, p. 13.

rasga sem possibilidade de voltar a ser, no mínimo, novamente manta de retalhos. Esta demanda, que *ab initio* espelha legitimidade, *ad itirem* ou *ad terminum* reflecte um espelho estilhaçado que nem a *supercola3 loctite* consegue ataviar os pedaços mais leves e suaves.

## 9. Admissibilidade e formalidades do recurso à realização das escutas telefónicas

**I.** O regime jurídico das escutas telefónicas encontra-se prescrito no Capitulo IV, do Titulo III – Dos meios de obtenção de prova –, do Livro III – Da prova –, da Parte Primeira. A Lei n.º 46/87, de 26 de Setembro, determinou que a autorização para aprovar um novo Código de Processo Penal tinha como conteúdo e alcance a «construção de um sistema processual que permita alcançar, na máxima medida possível e no mais curto prazo, as finalidades de realização da justiça, de **preservação dos direitos fundamentais das pessoas** e de paz social»[147] – al. *1)* do art. 2.º – e um «regime especial de **controle das comunicações** de ou para suspeitos, em **casos de terrorismo e criminalidade violenta ou altamente organizada**, a requerer pela Polícia Judiciária a juiz de instrução competente, assegurando-se o funcionamento do sistema e definindo-se, em conformidade com os seus objectivos, a respectiva competência territorial»[148] – al. *30)* do art. 2.º.

Por natureza intrínseca a realização de escutas viola o gozo e o pleno exercício de direitos fundamentais como a reserva da intimidade da vida privada e familiar, a palavra, a inviolabilidade das telecomunicações e comunicações, consagrados constitucionalmente, quiçá a liberdade de expressão – arts. 26.º e 34.º da CRP. Face à possibilidade de inconstitucionalidade do art. 187.º do CPP, o Presidente da República – MÁRIO SOARES – submeteu o preceito, entre outros, à fiscalização preventiva da constitucionalidade, por duvidar da sua conformidade com o art. 26.º da CRP. O TC[149] concluiu que o comando

---

[147] Negrito nosso.
[148] Negrito nosso.
[149] Cfr. Ac. TC n.º 7/87, de 9 de Janeiro, *in BMJ*, n.º 363, p. 109.

Escutas Telefónicas – da excepcionalidade à vulgaridade    75

em apreço não violava o art. 26.º da CRP – *maxime* o direito fundamental da reserva da intimidade da vida privada e familiar – por a ingerência própria das escutas telefónicas no seio privado e familiar se encontrar salvaguardado constitucionalmente – n.º 4 do art. 34.º da CRP: «**É proibida toda a ingerência das autoridades públicas** na correspondência, **nas telecomunicações** e nos demais meios de comunicação, **salvo os casos previstos em matéria de processo criminal**»[150] – nem infringe os limites constitucionais da necessidade e da proporcionalidade do n.º 2 do art. 18.º da CRP.

Desde a versão original que a Constituição consagrava a inviolabilidade do sigilo[151] dos meios de comunicação privada – n.º 1 do art. 34.º da CRP – e que a sua violabilidade dependia da tipificação em matéria criminal.

A consciência da danosidade social indissociavelmente[152] conexa com a realização deste meio de obtenção de prova obriga a uma interpretação restritiva dos pressupostos de admissibilidade[153], quer no plano legisferante quer no plano de operacionalização das normas reguladoras, cuja interpretação e aplicação devem ser conformes às limitações e restrições impelidas pela Constituição. Acompanhamos RUI MEDEIROS[154], arrogando-se do princípio constitucional português da vinculação dos poderes públicos à Constituição e da concepção de que a Constituição como norma cujos efeitos não se esgotam em relação à actividade legislativa, ao sujeitar a actividade dos OPC e dos

---

[150] Negrito nosso.

[151] O sigilo de que falamos não se confunde com o dever de segredo que recai sobre todos os que tiveram conhecimento do conteúdo das escutas telefónicas – n.º 3 do art. 188.º do CPP.

[152] Quanto à danosidade social, MANUEL DA COSTA ANDRADE, *Sobre as Proibições de Prova em Processo Penal*, Coimbra Editora, Coimbra, 1992, pp. 283 e ss..

[153] No sentido da interpretação restritiva dos pressupostos, MANUEL DA COSTA ANDRADE, *Sobre as Proibições de Prova ...*, p. 286 e Ac. RP, de 11 de Janeiro de 1995, *apud* Maia Gonçalves, *Código de Processo Penal Anotado e Comentado*, 12.ª Edição, Almedina, Coimbra, 2001, p. 428.

[154] Cfr. RUI MEDEIROS, *Da Decisão de Inconstitucionalidade*, Publicações da UCP, Lisboa, 1997, pp. 167 e ss..

restantes operadores judiciários à Constituição e à legalidade democrática – art. 3.º da CRP – e à aplicação e vinculação directa dos preceitos constitucionais respeitantes aos direitos, liberdades e garantias – n.º 1 do art. 18.º da CRP –, desde logo, aos princípios balizadores das normas restritivas de direitos, liberdades e garantias consagrados nos n.os 2 e 3 do art. 18.º da CRP[155].

**II.** A **tipicidade** ou **catalogação dos crimes** passíveis de investigação por meio de intercepção e gravação de conversações ou comunicações é de imposição constitucional – «salvo os casos previstos na lei em matéria criminal» – *in fine* do n.º 4 do art. 34.º da CRP. O legislador constitucional, conhecedor dos perigos da desregulação ou dos conceitos vácuos, restringiu, *ab initio*, o legislador ordinário e determinou-lhe que tipificasse e não deixasse em branco os tipos de crime susceptíveis de investigação para descoberta da verdade e/ou para prova através da diligência em estudo.

Esta tipificação materializa uma protecção de direitos fundamentais das pessoas – como ensina FIGUEIREDO DIAS, uma das finalidades do processo penal e de imposição de autorização legislativa [al.*1)* do art. 2.º, da Lei n.º 46/87, de 22 de Setembro] – e concretiza os princípios prescritos no n.º 2 do art. 18.º da CRP.

Dos crimes tipificados de possível sujeição à diligência, verifica-se que correspondem:

- a crimes designados de criminalidade grave[156] – puníveis com pena de prisão superior no seu máximo, a três anos de prisão – al. *a)* do n.º 1 do art. 187.º do CPP;
- a crimes de complexa investigação e especialíssima gravidade – tráfico de estupefacientes, armas, engenhos explosivos, maté-

---

[155] Quanto a este assunto, *infra* Princípios do art. 18.º da CRP, Capítulo IV – Colisão com Direitos Fundamentais.

[156] Conceito que devia sofrer alterações, pois consideramos que se enquadram no âmbito da criminalidade grave os crimes puníveis com pena de prisão superior a 5 anos, devendo todos os crimes puníveis com pena de prisão inferior a 5 anos serem inseridos no âmbito da criminalidade de massa.

Escutas Telefónicas – da excepcionalidade à vulgaridade          77

rias explosivas e análogas, contrabando – als. *b)*, *c)* e *d)* do n.º 1 do art. 187.º do CPP;

- e de difícil produção de prova e, por conseguinte, de difícil investigação, apesar de punidos com pena inferior, no máximo, a 3 anos de prisão – injúria, ameaça, coacção de devassa da vida privada e perturbação da paz e sossego praticados por telefone fixo e móvel – al. *e)* do n.º 1 do art. 187.º do CPP.

A tipificação do n.º 2 do art. 187.º do CPP – terrorismo, criminalidade violenta ou altamente organizada, sequestro, rapto, tomada de reféns, crimes contra a identidade cultural e pessoal[157], contra a segurança do Estado[158], falsificação de moeda ou títulos equiparados a moeda, crimes abrangidos por convenção sobre segurança da navegação aérea ou marítima –, com uma determinação mais cuidada, não contraria a do n.º 1 do art. 187.º, pois que são tipos de crime puníveis, no máximo, superiores a três anos de prisão. A tipificação específica quanto aos tipos (melhor tipologias) criminais visa questões de urgência e de necessidade ou questões logísticas e de economia processual e de competência territorial.

Do exposto, depreende-se que o recurso à escuta telefónica está sujeito ao **decurso de um processo crime**, ou seja, não se configura como medida cautelar e de polícia nem como pré ou extra processual, caso contrário a catalogação ou tipificação criminal exposta no n.º 1 do art. 187.º do CPP seria, de todo em todo, descabida e sem sentido[159].

**III.** A realização da intercepção e gravação de conversações e de comunicações depende sempre de despacho fundamentado de Juiz ou de Juiz de Instrução Criminal. Como diligência portadora de "uma

---

[157] Previstos no Título III do Livro II do Código Penal e na Lei Penal Relativa a Violações do Direito Internacional Humanitário.

[158] Previstos no Capítulo I, do Título V, do Livro II do Código Penal.

[159] Quanto a este assunto, Ac. STJ Proc. n.º 1145/98, de 30 de Março de 2000, *apud* ANTÓNIO AUGUSTO TOLDA PINTO, *A Tramitação Processual Penal*, 2.ª Edição, Coimbra Editora, 2001, p. 429.

danosidade polimórfica e pluridimencional"[160] e, consequentemente, violadora de direitos fundamentais, por imposição constitucional – *in fine* do n.º 4 do art. 32.º da CRP – e como acto processual carece de 'sindicância' e autorização ou ordem do Juiz das liberdades – art. 187.º n.ºˢ 1 e 2, art. 269.º, n.º 1, al. *c)* do CPP.

O **requerimento** para a realização de intercepção e gravação de conversações e comunicações deve ser dirigido ao juiz de instrução ou ao juiz – nas comarcas onde não exista tribunal de instrução criminal – pelo MP ou pela APC nos casos de urgência e de perigo na demora – n.º 2 do art. 268.º *ex vi* n.º 2 do art. 269.º do CPP. Requerimento este que não está sujeito a quaisquer formalidades de fundo – n.º 3 do art. 268.º *ex vi* n.º 2 do art. 269.º do CPP.

Mas, como já referimos, o MP ou a APC que requererem a realização de escutas devem, na nossa opinião, dizer das razões de facto e de direito pela opção do recurso ao meio de obtenção de prova escutas, cabendo-lhe demonstrar ao juiz que a diligência é *indispensável para a descoberta da verdade* ou que é o único meio de obtenção de prova, do elenco do CPP, adequado, necessário e possível para obter a prova, ou seja, o requerente tem de provar que é *impossível* obter a prova ou que é *muito difícil* de a obter sem recurso à intercepção e gravação das conversações e comunicações. Não basta requerer, pois, defendemos que a eles cabe apresentar as razões do requerimento sob pena de deixarmos o juiz num beco escuro e ambíguo. Posição que se retira da obrigatoriedade de junção da informação que segue com o requerimento ou da apresentação dos autos, desde que o juiz considere imprescindível – n.º 4 do art. 268.º *ex vi* n.º 2 do art. 269.º do CPP. Cabe ao Juiz no prazo de vinte e quatro horas decidir pela autorização ou não autorização e, da decisão, cumpre-lhe o **dever de fundamentação**[161] de facto e de direito *ex vi*

---

[160] Cfr. MANUEL DA COSTA ANDRADE, *Sobre as Proibições de Prova ...*, p. 283.

[161] O actual n.º 1 do art. 187.º do CPP prescreve que a autorização carece de "despacho fundamentado". Tem o mérito de clarificar (melhor) o que estava claro no art. 97.º do CPP e de afastar a tentação de despachos não fundamentados em

do n.º 1 do art. 187.º conjugado com o art. 97.º, n.º 1, al. *b)* e n.º 4 do CPP.

Acresce referir que a diligência, por força de lei, só pode ser autorizada na fase de inquérito – que deve ou devia ser dominada pelo princípio da não publicidade, principalmente nos crimes que formam o catálogo admissível de serem fundamento de escuta telefónica. Não obstante se prescrever como regra a publicidade do processo crime *ab initio* (n.º 1 do art. 86.º do CPP), consideramos que de nada relevam as escutas (melhor, as provas obtidas através de escutas telefónicas) se, na fase de inquérito e com escutas a decorrer, o MP não requerer ao juiz de instrução ou não determinar e submeter ao juiz de instrução a validação da aplicação do segredo de justiça. Caso o processo não esteja em segredo de justiça, parece-nos que os princípios da *indispensabilidade* da descoberta da verdade ou da *impossibilidade* de obtenção de prova por outro meio são de total inutilidade argumentativa.

Refira-se, ainda, que nos parece demasiado redutor a prescrição legal da diligência à fase de inquérito. Somos defensores de utilização desta diligência como *ultima ratio* investigatória, mas temos consciência de que há tipos criminais, cuja especial complexidade e elevadíssima gravidade impõem, até para um melhor juízo do juiz de instrução e para um melhor apuramento da verdade e defesa de direitos fundamentais do arguido (quando está inocente), que o legislador não devia restringir a escuta telefónica – assim como qualquer intercepção de comunicação (conforme n.º 1 do art. 189.º do CPP) e não localização celular (n.º 2 do art. 189.º do CPP) – à fase de inquérito, sob pena de o paradigma da investigação criminal percorrer todo *iter processualis* se desmoronar e se resumir a uma fase inicial não totalmente jurisdicionalizada.

Todavia, o legislador reduziu a utilização da escuta telefónica ou a intercepção de qualquer meio de comunicação à fase de inquérito, fase primordial de recolha de prova real e pessoal suficiente para a

---

matéria de escutas telefónicas. O legislador em 2007 veio eliminar quaisquer dúvidas que, pensamos, por força da doutrina e jurisprudência estavam, há muito, dirimidas.

prossecução do processo crime. Sufragando a boa doutrina de que as normas restringidoras de direitos, liberdades e garantias fundamentais devem ser interpretadas restritivamente, somos da opinião de que a intercepção e a gravação não pode, neste quadro legal, continuar a partir do momento em que o MP acusa. A acusação finda o inquérito, e findo este, qualquer intercepção e gravação que os OPC façam violam abusivamente a Lei processual penal. Qualquer interpretação de extensibilidade desta diligência está ferida de inconstitucionalidade material por violação do n.$^{os}$ 1 e 4 do art. 34.º e n.º 2 do art. 18.º da CRP.

A **competência territorial do juiz** que decide da realização ou não das escutas segue a regra dos artigos 19.º a 23.º do CPP, como se retira do n.º 1 do art. 187.º do CPP. Contudo e como se sabe, a sede das escutas telefónicas centra-se na cidade de Lisboa – no edifício da PJ – o que, para determinados crimes de âmbito nacional – crime organizado – e por economia de meios investigatórios humanos e materiais, o requerimento pode não ser dirigido ao Juiz de certa área onde, *p. e.*, houvera consumação ou onde se realiza o crime *Y*, mas «ao juiz dos lugares onde eventualmente se puder efectivar a conversação ou comunicação telefónica ou da sede da entidade competente para a investigação criminal» – n.º 2 do art. 187.º do CPP.

IV. A par dos pressupostos de admissibilidade o legislador ordinário estabeleceu determinadas formalidades atinentes à limitação do arbítrio e à fiscalização e controlo por parte do Juiz que autorizou e ordenou a diligência, como de seguida analisaremos. Assim, impôs que:

i. O OPC que efectuar as escutas telefónicas deve **lavrar em auto** o conteúdo das conversações e comunicações interceptadas e gravadas e elaborar relatório no qual deve indicar as passagens das gravações relevantes para a prova, descrever sucintamente o respectivo conteúdo e explicar o alcance do mesmo para a descoberta da verdade, conforme n.º 1 do art. 188.º do CPP. O auto, os suportes técnicos e o relatório devem, de 15 em 15 dias, ser **dados a conhecer ao MP**, que levará ao conhecimento do **juiz** que autorizou a diligência[162], nunca podendo a transmissão de conhecimento do MP para o juiz ultrapassar as 48 horas, conforme n.os 3 e 4 do art. 188.º do CPP. Até às alterações introduzidas pela Lei n.º 48/2007, de 29 de Agosto, a interpretação de não imediata transcrição para auto da intercepção ou gravação de conversações e comunicações e do conhecimento imediato do seu conteúdo ao Juiz para que pudesse decidir atempadamente sobre a junção ou não ao processo dos elementos de prova recolhidos ou sobre a necessidade da manutenção ou não da diligência, era inconstitucional, por violação do n.º 8 do art. 32.º da CRP[163]. A expressão «imediatamente» indicava um "efectivo acompanhamento e controlo da escuta pelo juiz»[164] evitando-se um desconhecimento longo das operações e sem documentação do Juiz.

Mas, a alteração do art. 188.º manteve a possibilidade do OPC que estiver a realizar a escuta poder tomar conhecimento prévio do conteúdo da comunicação interceptada para que possa praticar os actos cautelares necessários e urgentes para assegurar os meios de prova, nomeadamente os prescritos nos artigos 249.º a 253.º do CPP, e, até mesmo, a detenção em flagrante delito, conforme art. 254.º do CPP – *ex vi* do n.º 2 do art. 188.º do CPP. A escuta telefónica pode conduzir à detenção em flagrante delito, mas esta não pode ser o fundamento para se efectuarem escutas telefónicas, sob pena da já massificada vulgarização e futura inutilização do meio excepcional descredibilizar, ainda mais, a justiça penal.

---

[162] Quanto à inobservância da imposição de comunicação imediata, prescrita pela versão anterior do preceito, o Tribunal da Relação de Lisboa considerava que os elementos do OPC deviam ser responsabilizados disciplinarmente. Cfr. Ac. RL de 16 de Agosto de 1996, *apud* A. A. TOLDA PINTO, *A Tramitação Processual Penal*, ..., p. 427.

[163] Cfr. Ac. TC n.º 470/97, Proc. n.º 649/96 *apud* TOLDA PINTO, *A Tramitação Processual Penal*, ..., p. 427.

[164] *Ibidem.*

O legislador processual penal procedeu, em 2007, a algumas alterações que procuraram afastar dúvidas que, inacreditavelmente, existiam quanto ao tempo da transmissão do conhecimento do conteúdo das intercepções e gravações das comunicações – quer as previstas no art. 187.º quer as que por extensão se admitem pelo art. 189.º do CPP. O advérbio de modo temporal "imediatamente" gerou muita discussão doutrinária e jurisprudencial, sendo que sempre nos colocamos na linha de que "imediatamente" se cingia à transmissão imediata dos elementos probatórios obtidos e suficientes para o processo motivador da escuta e num curtíssimo espaço de tempo. Espaço de tempo que o legislador veio consagrar, que pode ser muito para alguns crimes, mas adequado para a maioria dos tipos de crime do catálogo: o OPC tem de transmitir o auto, os suportes técnicos e o relatório de diligência de 15 em 15 dias, desde o início da escuta, ao MP, que por sua vez os leva ao conhecimento do juiz num prazo máximo de 48 horas, *i. e.*, o juiz que autorizou a diligência fará um controlo jurisdiscional, no máximo, de 17 em 17 dias. Esta determinabilidade temporal fixa deve-se ao facto de os terminais informáticos dos juízes não estarem, ainda, equipados com o *software* adequado a fiscalizar em directo o que o OPC se encontra a escutar ou a interceptar e a gravar[165]. Temos apontado que, face à inexistência de consenso quanto ao que se devia entender por "imediatamente"[166] e face à inexistência de terminais ligados ao juiz que autorizou a diligência, a determinação de prazos fixos em

---

[165] Neste sentido FÁTIMA MATA-MOUROS, *Sob Escuta*, p. 29.

[166] No sentido de que expressões como "imediatamente", "segurança" e "polícia" podem agredir valores constitucionalmente protegidos por legitimarem diligências na base de uma "causa provável", JOSÉ MANUEL DAMIÃO DA CUNHA, "Dos Meios de Obtenção de prova face à Autonomia Técnica e Táctica dos Órgãos de Polícia Criminal", *in II Congresso de Processo Penal – Memórias,* (Coord. MANUEL M. G. VALENTE), Almedina, Coimbra, 2006, pp. 67-68.

*Escutas Telefónicas – da excepcionalidade à vulgaridade*     83

dias foi uma melhoria na materialização da segurança jurídica e do princípio da legalidade da restrição de direitos fundamentais.

**ii.** Desse conhecimento na fase de inquérito, o juiz **determina**, a requerimento do MP, **a transcrição e a função** da gravação em auto e junta-o ao processo, caso considere os elementos recolhidos ou parte deles relevantes para fundamentar a aplicação de medida de coacção ou de garantia patrimonial[167], conforme n.º 7 do art. 188.º do CPP. A transcrição dos autos obedece, *mutatis mutandis*, ao prescrito nos n.ºs 2 a 4 do art. 101.º do CPP e o juiz pode ser coadjuvado por OPC e pode nomear intérprete se entender ser necessário. Desde que o auto de transcrição esteja junto ao processo, o mesmo passa a ser **prova documental**[168].

**iii.** Todos os participantes nas operações de intercepção e gravação das conversações e comunicações ficam adstritos ao **dever de segredo** quanto ao que tiveram conhecimento, pois sobre aqueles recai o dever de sigilo ou segredo do que tomaram conhecimento em razão do ofício, conforme *in fine* do n.º 6 do art. 188.º do CPP.

## 10. Fiscalização e controlo

**I.** A problemática da fiscalização e do controlo da realização das escutas tem feito correr alguma tinta e verberar visados e inocentes apanhados pela teia enredosa da diligência. Como é possível o Juiz ou MP fiscalizarem *in momento* a operação policial – PJ – na intercepção e gravação das conversações e comunicações? Como fiscalizar se a intercepção e gravação não ultrapassa o limites prescritos juridico--constitucionalmente? Como aceder em cada momento à escuta a rea-

---

[167] Excepto se for para aplicar termo de identidade e residência.

[168] Cfr. Ac. STJ, de 21 de Janeiro de 1998 e Ac. RL de 12 de Janeiro de 2000 *apud* TOLDA PINTO, *A Tramitação Processual Penal*, ..., pp. 427 e 428.

lizar pelo OPC? A fiscalização e controlo, em regra, é *post factum* e nunca *in facto*.

A razão do advérbio de modo «imediatamente» do anterior n.º 1 do art. 188.º do CPP radicava no sentido de fiscalização e controlo imediato ou o mais imediato possível, que como afirma o douto aresto do TC, pressupõe um **«efectivo acompanhamento e controlo da escuta** pelo juiz que a tiver ordenado, enquanto durarem as operações em que esta se materializa – sem que decorram largos períodos de tempo em que essa actividade do juiz se não mostre documentada nos autos»[169]. O advérbio de modo temporal foi substituído por prazos fixos – do OPC para com MP 15 dias e do MP para com o Juiz 48 horas – de modo a materializar minimamente um efectivo controlo e real fiscalização. Na nossa opinião, o desrespeito dos prazos estipulados não podem originar apenas um processo disciplinar, mas devem originar a proibição da prova no processo por violação dos quesitos legais impostos pelo art. 188.º do CPP, cuja nulidade se insere no n.º 3 do art. 126.º do CPP, por violação dos princípios da lealdade (n.º 8 do art. 32.º da CRP) e da proporcionalidade *lato sensu* imposto pelo n.º 2 do art. 18.º da CRP[170].

O **juiz** que autoriza a diligência é competente para fiscalizar a actividade dos participantes da diligência. Relevante é saber se o MP, que requereu ou que detém o processo na fase de inquérito, pode fiscalizar e controlar a actividade *escuta* operacionalizada pelo OPC. Antes das alterações de 2007, na fase de instrução, cujo titular é o juiz de instrução, o MP não podia fiscalizar ou controlar aquele acto específico *escuta* determinado ao OPC Y ou Z, pois estavam sob a dependência funcional do JIC – art. 288.º e 290.º, n.º 2 do CPP. Mas, como a nova redacção legal não admite escutas fora da fase de

---

[169] Cfr. Ac. TC n.º 470/97, Proc. n.º 649/96 *apud* TOLDA PINTO, *A Tramitação Processual Penal*, ..., p. 427.

[170] Quanto a este assunto *infra* 16. Valoração Probatória. No sentido de proibição da utilização da prova obtida por violação do princípio *fair trial*, CLAUS ROXIN, *Derecho Procesal...*, pp. 79-81 e 102-111.

# Escutas Telefónicas – da excepcionalidade à vulgaridade

inquérito, não se coloca qualquer problema de fiscalização de escutas na fase da instrução.

Na fase de inquérito – que compreende todas as diligências que visem investigar a existência de um crime, determinar os seus autores e a responsabilidade dos mesmos e descobrir e recolher provas que permitam tomar a decisão de acusação ou de arquivamento –, ao **MP** compete-lhe dirigir o inquérito, assistido pelos OPC, que actuam sob a directa orientação do MP e na sua dependência funcional – art. 263.º do CPP. Por maioria de razão, continuamos a defender que o MP, na fase em que é o *dominus* do processo, não só pode, como deve fiscalizar e controlar a actividade de realização de escutas pelo OPC. Se tem competência para requerer a diligência – n.º 2 do art. 268.º *ex vi* n.º 2 art. 269.º do CPP –, também a tem para fiscalizar e controlar o desenrolar da mesma[171].

De relevante interesse revestia a discussão sobre a possibilidade ou não de realização de escutas telefónicas em **sede de julgamento**. O n.º 1 do art. 340.º do CPP estipula que «O tribunal ordena, oficiosamente ou a requerimento, a produção de todos os meios de prova cujo conhecimento se lhe afigure necessário à descoberta da verdade». A possibilidade de realização de escutas não podia ser baseada em exclusivo na letra da lei, *i. e.*, o pensamento legislativo deve reconstituir-se a partir dos textos, «tendo sobretudo em conta a unidade do sistema jurídico, as circunstâncias em que a lei foi elaborada e as condições específicas do tempo em que é aplicada» – n.º 1 do art. 9.º do CCiv.. Face ao limite legal prescrito no n.º 1 do art. 187.º do CPP, hoje não são admissíveis escutas na fase de julgamento, excepto se forem o resultado, inaceitável e inadmissível, da localização celular, que pode ser ordenada ou autorizada em qualquer fase do processo. Caso haja escuta telefónica com a localização celular, somos da opinião de que a prova obtida é proibida por violação do

---

[171] Quanto à enorme importância do relacionamento entre os OPC e o MP, principalmente no que concerne ao objecto do processo, J. M. DAMIÃO DA CUNHA, *O Caso Julgado Parcial*, PUC, Porto, 2002, pp. 809 a 811.

n.º 4 do art. 34.º da CRP que gera como consequência o prescrito no n.º 8 do art. 32.º da CRP e no art. 126.º do CPP – a proibição de prova.

Acresce que, por um lado, devíamos ter em conta os princípios que norteiam o recurso às escutas telefónicas – legalidade, proporcionalidade *lato sensu*, interesse público e particular, da garantia dos direitos fundamentais, da concordância prática conjugado com o programa político-criminal –, destacando-se o princípio da necessidade [n.º 1 e n.º 3 do art. 340.º do CPP], o princípio da legalidade [n.º 3 do art. 340.º e art. 125.º do CPP], o princípio da adequação [que se aflora no n.º 3 do art. 340.º] e o princípio da *obtenibilidade* [*a contrario* al. *b)* do n.º 4 do art. 340.º do CPP][172], e, por outro, o juiz só devia avançar para este meio de obtenção de prova caso os novos exames, as novas revistas, as novas buscas e as novas apreensões não se tenham mostrado capazes de descobrir a verdade e a prova.

Como princípio, exceptuando-se o caso de a escuta servir como prova de absolvição ou de inocência do arguido – *p. e.*, para de seguida se efectuar um exame ou peritagem à voz interceptada e gravada nas primeiras escutas e a voz que se intercepta e grava já em sede de julgamento[173] –, já defendiamos que o recurso à escuta telefónica em sede de julgamento não devia ser aceite, tendo em conta a finalidade da intercepção e da gravação de conversações e comunicações, a conjugação dos princípios inerentes ao recurso à escuta e, ainda, tendo em conta que é um meio excepcional de obtenção de prova. O afastamento *ex lege* do recurso a esta diligência em fase de julgamento pode, em caso de possível inocência do arguido se poder provar pela perícia voz constante das escutas e a voz a gravar, limitar o juiz na construção do seu juízo de convicção livre quanto ao caso *sub judice*.

---

[172] *Hoc sensu* MAIA GONÇALVES, *Código de Processo...*, p. 650.

[173] Quanto à gravação de conversa para identificação de voz intercepatada em uma escuta telefónica, MANUEL DA COSTA ANDRADE, *Sobre Proibições de Prova....*, p. 129.

*Escutas Telefónicas – da excepcionalidade à vulgaridade* 87

**II.** Um outro plano de fiscalização e de controlo operava-se em um momento posterior à própria transcrição das gravações e da sua junção ao processo, realizado pelo arguido, pelo assistente e pelas pessoas, cujas conversações tiverem sido escutadas. Esta fiscalização e controlo era designado pelo legislador processual penal por *exame do auto* de transcrição, mas não das gravações[174]. Dois apontamentos antes de procedermos a uma maior reflexão e ao regime actual.

Um primeiro apontamento, prende-se com a alteração operada pela Lei n.º 58/98, de 25 de Agosto. Quanto à possibilidade de exame do auto de transcrição das escutas, se o juiz entendesse que havia razões «para crer que o conhecimento do auto ou das gravações pelo arguido ou pelo assistente poderia prejudicar as finalidades do inquérito ou da instrução», o acesso ao auto de transcrição era-lhes vedado.

Um segundo apontamento, prende-se com o facto de que a transcrição para o auto – por imperativos de legalidade, de objectividade e de imparcialidade – a *priori* corresponde às verdadeiras intercepções e gravações e dentro de um determinado contexto global. Mas, o anterior n.º 3 do art. 188.º, estipulava a destruição por ordem do juiz – acto que ele próprio devia presidir e não ordenar – das gravações sempre que não detiver elementos de prova – real e pessoal – relevantes para o processo. Perguntamo-nos como é que o arguido ou o assistente ou outrém podiam examinar inteiramente da conformidade legal das intercepções e das gravações e da sua conformidade jurídico-constitucional. O exame continuava *per si* limitado e esta limitação estava ferida inconstitucionalidade material por violação do n.º 1 do art. 32.º da CRP[175].

---

[174] Cfr. versão anterior do n.º 5 do art. 188.º do CPP.

[175] Neste sentido, o Ac. TC n.º 660/06, *in Diário da República* (DR), II Série, Parte D, de 10/01/2007. No mesmo sentido de inconstitucionalidade do n.º 3 do art. 188.º do CPP ao permitir a destruição de elementos de prova obtidos mediante intercepção e gravação de conversações e comunicações, cujo conteúdo é do conhecimento do OPC e do MP e considerado pelo juiz de instrução como irrelevantes, sem que o arguido deles tenha qualquer conhecimento e sem que sobre os mesmos e sua relevância se possa pronunciar, se pronunciou o Tri-

O exame levado a cabo pelo **arguido** e a possibilidade de nova audição da gravação transcrita em simultâneo com a transcrição do auto é um direito fundamental de defesa para poder contradizer e apresentar os argumentos das suas palavras interpretadas com o sentido real o irreal pela AJ.

Questão pertinente era da importância de **outrém** poder fazer o mesmo exame ao auto de transcrição se não era arguido no processo e via o seu nome «embrulhado» em uma teia de prova criminal. Esta fiscalização impunha-se para que, mesmo em abstracto, os operadores da escuta sentissem a responsabilidade de não escutar e gravar conversações e comunicações desligadas do processo ou intimas. Funcionaria como crivo desmotivador e automaticamente conduzia, em caso de violação, aqueles à prática de um crime de devassa da vida privada, p. e p. pelo art. 192.º do CP, ou de gravação ilícita, p. e p. pelo art. 199.º do CP.

---

bunal Constitucional pelos Acórdãos n.ᵒˢ 450/2007 e 451/2007. O arguido tem o direito, por força do n.º 1 do art. 32.º da CRP, de requerer a transcrição de outras passagens diferentemente selecionadas pelo JIC, úteis e relevantes para contextualizar o sentido e alcance das passagens anteriormente selecionadas. Assim proferiu o TC pelo Ac. n.º 426/2005, in DR, II Série, n.º 232. Quanto a um estudo profundo destes acordãos e na mesma linha da inconstitucionalidade, MÁRIO FERREIRA MONTE, "Intermitências Discursivas – Jurisprudenciais e Legislativas – A Propósito das Escutas Telefónicas em Processo Penal", *in III Congresso de Processo Penal – Memórias*, (Coord. de M. M. GUEDES VALENTE), Almedina, Coimbra, 2008 (no prelo) e MARIA DE FÁTIMA MATA MOUROS, "Escutas Telefónicas – O que não muda com a Reforma", *in Debate sobre a Reforma Penal – Galileu – Revista de Economia e Direito*, 2007, n.º 2 (no prelo). Todavia, a riqueza da jurisprudência do TC não se manteve na onda do aprofundamento dos direitos, liberdades e garantias fundamentais de qualquer cidadão ao "não julgar inconstitucional a norma do artigo 188.º, n.º 3, do CPP, na redacção anterior à Lei n.º 48/2007, de 29 de Agosto, quando interpretada no sentido de que o juiz pode destruir o material coligido através de escutas telefónicas, quando considerado não relevante, sem que antes o arguido dele tenha conhecimento e possa pronunciar-se sobre o eventual interesse para sua defesa", [Ac. TC n.º 70/2008, Processo n.º 1015/07, consultado em http://www.tribunalconstitucional.pt/tc/acordaos/20080070.html?, no dia 9 de Março de 2008. Aconselham-se as leituras dos votos de vencido de vários conselheiros do Tribunal Constitucional].

Dúvida se apresentava quanto ao alcance de **assistente** no processo. Defendemos todo aquele que se tiver constituído como tal, nos termos do art. 61.º do CPP. Num crime de corrupção, em que **A** denuncia a prática do crime e se constitui assistente – art. 61.º n.º 1 al. *e)* do CPP – pode solicitar o exame do auto de transcrição.

Mas, a reforma de 2007 pouco ou nada alterou quanto à fiscalização não judiciária e à garantia efectiva dos direitos e liberdades fundamentais do cidadão, em especial dos que podem ser sujeitos passivos das intercepções e gravações das comunicações. Ora vejamos. O teor do anterior n.º 3 do art. 188.º do CPP foi alterado, dando origem a um novo n.º 6 que estipula que o juiz, sem prejudicar a possibilidade de um conhecimento fortuito poder originar um auto de notícia e comunicação da notícia do crime ao MP, conforme determina o n.º 7 do art. 187.º do CPP, pode determinar "a destruição imediata dos suportes técnicos e relatórios manifestamente estranhos ao processo", mas que digam respeito a conversações de pessoas, cuja escuta é inadmissível por lei, que "abranjam matérias cobertas pelo segredo profissional, de funcionário ou de Estado" ou que contenham conversações, cujo conhecimento do conteúdo afecte gravemente direitos, liberdades e garantias dos cidadãos (de todos sem excepção), conforme als. *a)*, *b)* e *c)* do n.º 6 do art. 188.º do CPP.

Os escutados[176], pois o arguido, o intermediário e a vítima, (e o assistente), só podem examinar os suportes técnicos das conversações ou comunicações e obter cópias das partes que pretendam transcrever juntar ao processo, assim como dos relatórios, após o *terminus* do inquérito, *i. e.*, após a notificação da acusação e antes do prazo de requerer a abertura de instrução terminar ou de apresentação de contestação. Continua tudo na mesma linha, o arguido (assim como o intermediário, a vítima) e o assistente só podem ter acesso ao que consta do processo e jamais ao que fora anteriormente determinado

---

[176] Não obstante a lei falar só em assistente e arguido. Cfr. n.º 7 do art. 188.º do CPP.

destruir pelo juiz, sem o devido respeito pelas garantias de defesa consagradas no n.º 1 do art. 32.º do CRP, como *p. e.* contextualizar as transcrições relevadas para o processo. Na linha de CLAUS ROXIN[177], consideramos que o prescrito no n.º 6 do art. 188.º do CPP, ao não permitir a oportunidade do sujeito passivo da escuta, em especial, o arguido, de acesso ao conteúdo integral das escutas, viola o princípio de lealdade – *fair trail* –, em que o juiz (das liberdades) funciona como a guilhotina que corta o que **ele** considera não relevar para o processo, mas que, *p. e.*, a conversação com um terceiro pode descodificar a prova de inocência ou a matéria reservada ao segredo profissional, de funcionário ou de Estado e, até mesmo, matéria que agride direitos fundamentais pode ser essencial para provar a inocência do arguido, mas que este não teve qualquer acesso ou contacto. Pensamos que a nova redacção não deixa de estar disconforme com o n.º 1 e o n.º 8 do art. 32.º da CRP, por violar as garantias processuais constitucionais e violar o princípio de lealdade ou de um procedimento penal leal próprio de um Estado de Direito Democrático.

## 11. Limites: expressos e imanentes

**I.** Os limites não se esgotam nos normativos ordinários, mas partem, desde logo, dos imperativos constitucionais.

Aos tribunais – *maxime* juizes e MP – cumpre «administrar a justiça em nome do povo» – n.º 1 do art. 202.º da CRP –, estando «apenas sujeitos à lei»[178] – art. 203.º da CRP – e não «podem aplicar normas que infrinjam o disposto na Constituição ou os princípio nela consignados» – art. 204.º da CRP –, estando subordinados à Constituição e, por sua vez, aos preceitos constitucionais respeitantes ao respeito dos direitos, liberdades e garantias que se aplicam directamente aos quais estão vinculados – art. 18.º, n.º 1 da CRP.

---

[177] Cfr. CLAUS ROXIN, *Derecho Procesal...*, p. 79.
[178] Lei em sentido amplo: Constituição e lei ordinária.

Aos OPC cabe defender a legalidade democrática e garantir os direitos fundamentais, cujas medidas (cautelares e de polícia) são as prescritas na lei e a cuja prevenção criminal devem presidir as regras gerais sobre polícia e o respeito dos direitos, liberdades e garantias dos cidadãos[179]. Os OPC estão vinculados à Constituição e a todos os preceitos legais, aos quais cumpre fazer vigorar, e estão vinculados aos preceitos constitucionais respeitantes aos direitos, liberdades e garantias que se aplicam directamente – conforme artigos 272.º, 266.º, 3.º e 18.º, n.º 1 da CRP.

Como limite drástico de proclamação constitucional, o n.º 8 do art. 32.º da CRP consagra como nulas – proibidas – as provas obtidas mediante abusiva intromissão na vida privada e familiar ou nas telecomunicações.

Os operadores judiciários devem ser o baluarte do respeito da dignidade da pessoa humana, limite intransponível para qualquer acto ou diligência processual, principalmente quando essa diligência provoca uma danosidade social quase incontrolável.

**II.** Como **limites expressos** nos preceitos do CPP, referentes às escutas telefónicas, podem-se referir os artigos 125.º – provas admitidas só as não proibidas por lei –, o art. 126.º – regime dos métodos proibidos de prova – e os artigos 118.º e ss. relativos às nulidades, conjugados com o art. 190.º do CPP.

Nos artigos propriamente ditos da admissibilidade e formalidades das escutas, três limites expressos se apresentam: por um lado, a diligência só pode ser autorizada na fase de inquérito – *ab initio* n.º 1 do art. 187.º do CPP; por outro, a autorização da realização das escutas dependem da diligência se revelar indispensável para a descoberta da verdade ou da prova se demonstrar *impossível* ou *muito difícil* de obter de outra forma – n.º 1 do art. 187.º do CPP; e, ainda, a proibição de intercepções e gravações de conversas e comunicações entre o arguido e o seu defensor, *ex vi* n.º 5 do art. 187.º

---

[179] Cfr. art. 272.º da CRP.

do CPP. Quanto a esta última limitação, há a indicar a salvaguarda legal prescrita na segunda parte do preceito, ao possibilitar-se a autorização de intercepção e gravação das conversações e comunicações entre o defensor e o arguido se o juiz tiver fundadas razões para crer que aquelas «constituem objecto ou elemento de crime»[180].

**III.** Dos preceitos reguladores das escutas telefónicas, consideramos que existem **limites imanentes** à própria diligência, tais como a cuidada actividade de modo que se respeite o conteúdo essencial do direito fundamental da reserva da intimidade da vida privada, do direito à palavra, do direito ao sigilo das comunicações e à sua inviolabilidade.

Acresce que, na esteira de COSTA ANDRADE[181], os limites ou restrições emergentes do n.º 5 do art. 187.º do CPP à realização de escutas não se esgotam no plano relacional entre o arguido e o seu defensor, pois é regime **extensível a outras esferas de segredo ou de relações de confiança**, sob pena de descoordenação e incoerência legal processual penal. A mesma restrição de intercepção e de gravação é aplicável nas conversações e comunicações com o médico, com o sacerdote, com o psiquiatra, quanto a matéria de segredo profissional ou segredo de Estado e, ainda, na nossa opinião, com os familiares mulher e filhos excepto se existirem indícios de que são co-autores ou cúmplices dos factos em investigação – traz-se à colação os artigos 134.º a 137.º do CPP – assim como, do mesmo modo, se aplica a salvaguarda da segunda parte do n.º 5 do art. 187.º do CPP[182].

---

[180] Quanto a esta questão, o nosso "Terrorismo: Fundamento de Restrição de Direitos?", *in Terrorismo*, (Coord. ADRIANO MOREIRA), 2.ª Edição, Almedina, Coimbra, 2004, pp. 453-454.

[181] Cfr. MANUEL DA COSTA ANDRADE, *Sobre as Proibições de Prova...*, p. 287.

[182] Quanto a este assunto, MANUEL DA COSTA ANDRADE, *Sobre as Proibições de Prova...*, p. 300 e GERMANO MARQUES DA SILVA, *Curso de Processo Penal*, Verbo, Lisboa/S.Paulo, Vol. II, p. 175. Posição esta que GERMANO MARQUES DA SILVA mantém na 4.ª Edição, do Vol, II, p. 252.

Quer MANUEL DA COSTA ANDRADE quer GERMANO MARQUES DA SILVA não se opõem à realização de escutas telefónicas entre o arguido e os familiares[183]. Com a devida vénia discordamos por duas razões fundamentais: por um lado, existem situações em que mulher e filhos e pais desconhecem por completo a actividade criminosa do marido, do pai ou do filho, vendo-se subjogados à possibilidade de conversações e comunicações telefónicas íntimas e familiares serem ouvidas e gravadas por estranhos à família; por outro lado, defendemos que não faz qualquer sentido permitir que declarações de familiares sejam incriminadoras ou valoradas como prova na descoberta da verdade, obtidas sem o seu consentimento, quando, em sede de inquirição, aqueles – cônjugue, pais, filhos, irmãos, afins – podem recusar-se a depor como testemunhas, *ex vi* do art. 134.º do CPP. Salvaguardando os casos em que os parentes e afins sejam, também, objecto da investigação em curso ou intermediários, defendemos que devem ser proibidas as intercepções e gravações das conversas e comunicações entre arguido e parentes e afins, sob pena de legitimarmos um testemunho contra vontade ou não consentido. Consideramos que o n.º 4 do art. 187.º do CPP vem restringir o leque de possíveis escutados, inclusiva familiares.

**IV.** Um outro limite agora expressamente estipulado, que mesmo assim conduz a um longo período de escutas telefónicas, mas que garante melhor a segurança jurídica e a protecção dos direitos fundamentais da pessoa, é o **prazo** máximo de três meses, renováveis por igual tempo.

A Comissão de Assuntos Constitucionais, Direitos, Liberdades e Garantias já tinha proposto na Reforma de 1998, que se aditasse um n.º 4 ao art. 187.º, no qual se determinava a obrigação de estipulação de prazo de três meses, prorrogável pelo mesmo tempo, para a realização da intercepção e respectiva gravação. A omissão de prazo punha em levedante o pensamento dúbio que nos acercava de quanto

---

[183] *Ibidem.*

tempo era a escuta e se era necessário um ano ou 3 ou 4 meses para a realização da escuta telefónica[184].

Reconhecendo que há investigações que se prolongam por mais de um ou dois anos devido à sua complexidade e especialíssima gravidade, sempre defendemos que, face à limitada fiscalização e controlo por parte da AJ, seria benéfico que se consagrasse um prazo com possibilidade de prorrogações sucessivas desde que o juiz, ponderados os fundamentos, entendesse que a escuta telefónica era indispensável para a descoberta da verdade ou a obtenção da prova seria impossível ou muito difícil de outra forma. O legislador, na Reforma de 2007, seguiu e prescreveu, como concretização da legalidade (tipicidade plena de prazo de realização de escuta) e da segurança jurídica, o prazo de três meses no máximo, cuja renovação por iguais períodos de tempo fica dependente da verificação dos quesitos de admissibilidade da diligência.

## 12. Extensão do regime das escutas telefónicas

**I.** A extensão do regime das escutas telefónicas está prescrito no art. 189.º do CPP, cuja redacção da reforma do Processo Penal operada pela Lei n.º 58/98, de 25 de Agosto, fora alterada pela reforma operada pela Lei n.º 48/2007, de 29 de Agosto.

Na versão originária do Código, o preceito estendia o regime dos artigos 187.º a 189.º «às conversações ou comunicações transmitidas por qualquer meio técnico diferente do telefone». Face ao exposto, COSTA ANDRADE[185] escrevia que a determinação legal do art. 190.º[186] apenas se dirigia às "demais formas de transmissão técnica

---

[184] No sentido da indefinição do tempo de realização da escuta estar ferida de inconstitucionalidade por violação das garantias processuais penais constitucionais, por violação dos artigos 32.º, n.º 8, 48.º n.ºs 1 e 4, e 18.º, n.º 2 da CRP. Cfr. Ac. TC n.º 379/2004, *in DR*, II Série, n.º 170, p. 10973.

[185] Cfr. MANUEL DA COSTA ANDRADE, *Sobre as Proibições de Prova...*, pp. 274 e 275.

[186] Actual 189.º com nova redacção.

de conversações ou comunicações", regime este "reservado às formas de comunicação oral, isto é, que possibilitam a emissão e recepção da própria palavra falada", estando "excluídas formas de comunicação como o telégrafo ou telefax", porque careciam de tutela e porque "a intromissão indevida nas comunicações telegráficas não actualiza o atentado ao direito à palavra, que constitui um dos coeficientes de maior peso da danosidade social das escutas telefónicas".

Como escreveramos na primeira edição, impunha-se a alteração do preceito em estudo, porque considerámos que, excluindo as filmagens[187], o regime das escutas telefónicas se aplicasse a conversações e comunicações transmitidas por qualquer meio técnico diferente do telefone, designadamente correio electrónico ou outras formas de transmissão de dados por via telemática e, ainda, à intercepção das comunicações entre pessoas presentes[188]. A alteração do preceito (anterior art. 190.º, actual 189.º do CPP) veio afastar quaisquer dúvidas existentes quanto à extensibilidade dos requisitos e formalidades (a montante, durante e a jusante) da intercepção e gravação de meios técnicos de comunicação utilizados pelas pessoas, em que a base da comunicação é a *palavra falada e/ou escrita*, cuja tutela constitucional (estando na mesma inserida a tutela da *confidencialidade* da *palavra falada e/ou escrita*) se afere do n.º 1 do art. 26.º da CRP e se materializa com o n.º 4 do art. 34.º da Constituição.

Todavia, levanta-se a questão de saber se o legislador, ao impôr a aplicação dos pressupostos jurídico-constitucionais e jurídico-legais

---

[187] Cfr. Ac. STJ de 3 de Dezembro de 1997 *apud* MAIA GONÇALVES, *Código de Processo...*, p. 432.

[188] Aditamento proposto pela Comissão de Assuntos Constitucionais, Direitos, Liberdades e Garantias, por parte do PS para que se abrangesse todas as formas de telecomunicações: rádio, telex, satélite, radar, computador, mensagens electrónicas de telemóvel. Quanto à alteração legislativa processual penal sobre todas as intercepções e gravações de comunicações (artigos 187.º e 189.º do CPP), o nosso "La Investigación del Crimen Organizado. Entrada y Registro en Domicilios por La Noche, El Agente Infiltrado y La intervención en las comunicaciones", in *Dos Décadas de Reformas Penales*, (Coord. N. Sanz Mulas), Ed. Comares, Granada, 2008, pp. 189-192.

das escutas telefónicas ao "correio electrónico", afastou o "correio electrónico" do conceito de correspondência, cuja tutela processual penal se aferia do art. 179.º do CPP. Parece-nos que o legislador, não obstante considerar os dados enviados no "correio electrónico" serem correspondência, optou por submeter a intromissão por parte do MP e dos OPC ao regime reforçado e restritivo das escutas telefónicas: ao princípio da limitatividade da fase processual da autorização (só na fase de inquérito se admite a ingerência judicializada na correspondência electrónica), ao princípio da indispensabilidade da diligência para a descoberta da verdade e/ou ao princípio da impossibilidade ou de elevada dificuldade da obtenção da prova por outro meio. Podemos afirmar que, neste ponto, existiu um reforço da tutela jurídica da correspondência electrónica[189].

O art. 179.º do CPP, que era a base jusprocessual para se proceder ao acesso à correspondência electrónica, por meio da sua apreensão, não tem o alcance restritivo que o art. 187.º e 188.º do CPP actualmente detêm no sentido de evitar um debulhar arbitrário do correio electrónico. Este reforço de garantia do cidadão não pode funcionar como inibidor de aperfeiçoar o *engenho e a arte* da investigação criminal, principalmente quanto a crimes complexos no quadro da criminalidade económica, financeira e informática[190].

---

[189] Neste sentido ANDRÉ LAMAS LEITE, "Entre Péricles e Sísifo...", *in RPCC*, Ano 17, n.º 4, p. 662.

[190] Parece-nos retirar da douta posição de ANDRÉ LAMAS LEITE que a sujeição do recurso à intercepção e gravação do correio electrónico aos mesmos pressupostos das escutas telefónicas é "mais restritivo que o anterior e que **muito dificultará a investigação**". Pois, pensamos que há crimes e crimes e há crimes cuja investigação impõe o recurso à intercepção de "correio electrónico", pelo que impõe ao OPC que demonstre ao MP e este ao Juiz que esta diligência é indispensável à descoberta da verdade e que sem ela é impossível ou muito difícil obter a prova para o processo. Pensamos que o legislador procurou limitar ao máximo a intromissão na correspondência electrónica por parte dos OPC e do MP. Cfr. ANDRÉ LAMAS LEITE, "Entre Péricles e Sísifo...", *in RPCC*, Ano 17, n.º 4, p. 662.

# Escutas Telefónicas – da excepcionalidade à vulgaridade

Acresce referir que se estende o regime das escutas telefónicas aos dados que estejam guardados em suporte digital, aos quais se aplicava anteriormente o regime do art. 179.º do CPP. Quanto ao acesso a documentos gravados em computador, MANUEL DA COSTA ANDRADE[191] vem defendendo que não se enquadra no âmbito da intercepção de comunicações, nem de apreensão de correspondência, mas sim no quadro das buscas. Posição com a qual concordamos. Mas, a busca neste caso concreto teria de ser inserida no âmbito da busca domiciliária ou ter-se-ia de criar uma nova figura de busca – busca informática ou electrónica – com um regime muito próximo ou idêntico ao regime das escutas telefónicas, sob pena de não serem consideradas buscas domiciliárias nem apreensão de correspondência e, por isso, não estarem *ab initio* sob a alçada do princípio da juris-dicionalidade, mas de urgência e do *periculum in mora*, desprotegen-do o cidadão.

A sujeição do acesso aos conteúdos guardados no computador ao regime dos artigos 187.º e 188.º do CPP, impõe que o início de uma investigação criminal por meio desta diligência seja com prévia autorização judicial[192], seja apenas na fase do inquérito, seja indispen-sável para a descoberta da verdade e/ou seja impossível ou muito difícil, por outro meio, obter a prova, seja por um prazo máximo de três meses prorrogáveis e que os OPC procedam formalmente como se de uma escuta se tratasse[193], sem esquecerem que nessa base pode

---

[191] Cfr. MANUEL DA COSTA ANDRADE, Entrevista no *Correio da Manhã*, do dia 30-9-2007, e citado por ANDRÉ LAMAS LEITE, "Entre Péricles e Sísifo...", *in RPCC*, Ano 17, n.º 4, p. 663.

[192] Quanto a este assunto, ANDRÉ LAMAS LEITE, "Entre Péricles e Sísifo...", *in RPCC*, Ano 17, n.º 4, p. 662, e PEDRO VERDELHO, "Apreensão de Correio Elec-trónico em Processo Penal", *in RMP*, n.º 100, 2004, pp. 153-164 e "A Reforma Penal Portuguesa e o Cibercrime", *in RMP*, n.º 108, 2006, pp. 121-122.

[193] Parece-nos que, no caso do *correio electrónico* e do *conteúdo grava-do no computador* do arguido, do intermediário ou da vítima, não faz sentido que o juiz ordene a destruição dos mesmos, porque, esperamos, os OPC e o MP ape-nas aproveitaram o que foi considerado, nos termos do n.º 9 do art. 188.º do CPP, como prova.

estar gravado correio electrónico. A extensibilidade do regime das escutas no âmbito do n.º 1 do art. 189.º do CPP só pode recair nos sujeitos passivos – arguido, intermediário conexionado com o arguido e vítima – previstos no art. 187.º, n.º 4 do CPP ou nos casos admissíveis do n.º 5 do art. 187.º do CPP.

**II.** Tem-se levantado a questão de se saber se as provas obtidas pela intercepção e gravação das conversações e comunicações podem ser utilizadas em **processos disciplinares** oriundos de processos crimes, cujo tipo legal de crime se insere no catálogo previsto no art. 187.º do CPP. A questão levantada não se prende com conhecimento fortuito de matéria disciplinar, porque a admissão da valoração do conhecimento fortuito como fundamento de notícia de crime e comunicação ao MP por força do n.º 7 do art. 187.º do CPP esgota-se no quadro criminal e, na nossa opinião, só é admissível quanto a crimes do catálogo ou crimes conexionados com os crimes do catálogo[194], sob pena de vulgarizar a valoração do conhecimento fortuito de um meio de obtenção de prova muito excepcional. Afastamos, assim e desde já, a valoração do conhecimento fortuito de uma infração disciplinar por meio da intercepção de comunicações.

O problema levantado tem solução jurídico-legal e jurídico-constitucional, ou seja, quer no respeito do preceituado no art. 187.º do CPP, quer no respeito do consagrado no n.º 4 do art. 34.º do CRP não são admitidas escutas telefónicas no âmbito disciplinar. Do catálogo das infracções que admitem o recurso à escuta telefónica (ou a qualquer intercepção e gravação previstas no art. 189.º do CPP) não configuram infracções disciplinares, pelo que, *ex lege*, não se admite escutas telefónicas no quadro de processos disciplinares. Acresce referir que o legislador não podia incluir no catálogo de tipologias

---

[194] Quanto à problemática dos conhecimentos fortuitos, o nosso *Conhecimentos Fortuitos. A Busca de um Equilíbrio Apuleiano*, Almedina, Coimbra, 2006 e de forma mais breve *infra* ponto 16. Valoração Probatória, b. Dos "Conhecimentos fortuitos".

*Escutas Telefónicas – da excepcionalidade à vulgaridade*   99

infraccionais possíveis a admitir escutas telefónicas (ou quaisquer inter-cepções de comunicações) as infracções disciplinares por limite impo-sitivo e inalienável ou de inadmissível extensividade por força do n.º 4 do art. 34.º da CRP. Este comando constitucional é intransponível e, como afirma GOMES CANOTILHO e VITAL MOREIRA[195], tendo em conta o princípio de interpretação restritiva das normas restritivas de direitos fundamentais, impõe que a excepcionalidade do recurso à dili-gência em causa só é admissível para matéria de processo criminal e, dentro deste, para o quadro criminal previsto na lei – princípio da reserva de lei e de precedência de lei[196]. Como sabemos, no quadro jurídico português é inadmissível o recurso a escutas telefónicas para processos disciplinares.

Desta feita, não se pode admitir que se possam usar conteúdos, elementos probatórios e indícios de prova obtidas através de intercep-ções e gravações de conversações e comunicações telefónicas, tele-méticas e outras previstas no art. 189.º do CPP, em processos disci-plinares e, do mesmo modo, não as podemos admitir como notícia de infracção disciplinar.

Como se prevê para a notícia de crime – n.º 7 do art. 187.º do CPP –, que, não sendo crime conexo com o crime motivador de dili-gência (e mesmo este), o OPC deve comunicar ao MP para decidir se, sobre o novo crime "apanhado" na intercepção e gravação, requer autorização judicial para proceder à diligência ou se opta, sendo esta

---

[195] Cfr. GOMES CANOTILHO e VITAL MOREIRA, *Constituição da Repúbli-ca Portuguesa...*, 4.ª Ed., Vol. I, p. 543.

[196] Cfr. art. 18.º, n.º 2 e 165.º, n.º 1, al. *b)* da CRP. Quanto à precedência de lei e reserva de lei na restrição de direitos fundamentais, GOMES CANOTILHO, *Direi-to Constitucional e Teoria da Constituição*, 7.ª Edição, Almedina, Coimbra, 2003, pp. 1265-1266 e 1276-1283 (1277); JORGE BACELAR GOUVEIA, *Manual de Direito Constitucional*, Almedina, Coimbra, 2005, Vol. II, pp. 1106-1123; JORGE MIRANDA, *Manual de Direito Constitucional – Direitos Fundamentais*, 3.ª Edição, Coimbra Editora, Coimbra, 2000, pp. 327-328; JOSÉ CARLOS VIEIRA DE ANDRADE, *Os Direi-tos Fundamentais na Constituição Portuguesa de 1976*, 3.ª Edição, Almedina, Coimbra, 2004, pp. 298-320 (312-313) e GOMES CANOTILHO e VITAL MOREIRA, *Constituição da República...*, 4.ª Edição, Vol. I, p. 543.

a nossa opinião, por abrir um novo inquérito e apurar da indispensabilidade do recurso à diligência e da impossibilidade ou muita dificuldade na obtenção da prova por outra forma. Deve, primeiramente, esgotar os meios menos onerosos para com os direitos fundamentais. Esta solução legislativa e interpretação possível face ao quadro constitucional, sem olvidar os princípios gerais do direito enformadores de um Estado de direito democrático, não é admissível em processo disciplinar, devendo-se considerar que essas provas, esses elementos de prova ou esses indícios probatórios proibidos, por violação dos princípios da lealdade, da legalidade, da jusconstitucionalidade e do respeito pela dignidade da pessoa humana[197].

## 13. Da localização celular (meio de obtenção de prova ou medida cautelar e de polícia)

**I.** A localização celular encontra-se inscrita no CPP como meio de obtenção de prova – n.º 2 do art. 189.º do CPP – e como medida cautelar e de polícia – art. 252.º-A do CPP. A localização celular, que, no nosso país e actualmente só é possível com a intercepção da comunicação por parte dos OPC, pois ainda não se detém software capaz de exclusivamente se proceder à localização sem intercepção da comunicação, contende directamente com o direito de liberdade de movimentos – *jus ambulandi* – e, consequentemente, com o direito que o cidadão tem de "não se saber, a todo o momento, onde (...) se encontra"[198], devia ser considerado unicamente como meio de obten-

---

[197] Consideramos que se aplica subsidiariamente o art. 125.º e, consequentemente, o art. 126.º do CPP, como se retira de vários Regulamentos Disciplinares existentes no nosso ordenamento jurídico.

[198] Cfr. ANDRÉ LAMAS LEITE, "Entre Péricles e Sísifo...", in *RPCC*, Ano 17, n.º 4, p. 664. Este autor, na mesma página e nota 89, indica-nos a posição do Supremo Tribunal Federal dos EUA: o direito de que o cidadão tem de não se saber onde se encontra "não é uma garantia dos sujeitos, desde que os mesmos circulem em locais públicos". Já a nossa doutrina, na linha da alemã, considera

# Escutas Telefónicas – da excepcionalidade à vulgaridade

ção de prova e jamais devia ter sido considerado como medida cautelar e de polícia – art. 252.º-A do CPP. Prendemo-nos na localização celular como medida cautelar e de polícia.

As medidas cautelares e de polícia[199] têm natureza precária e só são admissíveis na base da urgência para fazer cessar o dano de uma conduta humana negativa que afecta qualquer bem jurídico ou que põe em perigo de lesão um bem jurídico. Impõe-se por razões de preservação de prova fundamental para o processo que se irá iniciar ou que está em curso, cuja não actuação dos OPC (polícia) afectaria as finalidades do processo: descoberta da verdade material e judicialmente válida, assim como a realização da justiça e a defesa dos direitos fundamentais dos cidadãos e, como ponto final, o alcance da paz pública. As medidas cautelares e de polícia são (ou só devem ser) prosseguidas por elementos policiais (OPC ou APC) e não por autoridades judiciárias (AJ)[200] como se afere do n.º 1 do art. 252.º-A do CPP.

A localização celular, como medida cautelar e de polícia, só é admissível quando impere a necessidade de obtenção de dados sobre o local onde se encontra o cidadão visado por razões de afastamento do "perigo para a vida ou de ofensa à integridade física grave", conforme n.º 1 do art. 252.º-A do CPP. A construção legal positiva configura uma situação de *estado de necessidade* e, nunca, de medida cautelar e de polícia.

---

que o local onde se encontra a pessoa não é o mais importante, "mas sim a natureza e a qualidade dos dados, *maxime* a sua atinência a uma esfera de «auto-determinação informacional»".

[199] Quanto às medidas cautelares e de Polícia e a sua justificação no quadro jus-processual penal, o nosso *Teoria Geral do Direito Policial – Tomo I*, Almedina, Coimbra, 2005, pp. 171-190 e *Processo Penal – Tomo I*, Almedina, Coimbra, 2004, pp. 259-282, e ANABELA MIRANDA RODRIGUES "O Inquérito no Novo Código de Processo Penal", *in Jornadas de Direito Processual Penal*, Almedina, Coimbra, 1995, pp. 70-72.

[200] Se há intervenção da AJ não podemos confirmar a diligência como pré-processual, mas como processual, e deve seguir os quesitos do art. 189.º, n.º 2 do CPP.

Acresce saber que tipos legais de crime põem em perigo a *vida* e a *integridade física grave*. Somos de opinião que o legislador, *a priori*, pode ter limitado o católogo aos crimes contra as pessoas, em especial contra a vida, contra a integridade física e contra a liberdade (*maxime* sequestro, rapto, escravidão, tráfico de pessoas e contra a liberdade de autodeterminação sexual). Mas, consideramos que a cláusula aberta "perigo para a vida ou de ofensa de integridade física grave", inclui tipologias criminais que conexionadamente afectam aqueles bens jurídicos – terrorismo, tráfico de armas, tráfico de droga – e que se enquadram na criminalidade grave, complexa e altamente especializada [criminalidade organizada e violenta].

Todavia, o quadro inscrito no n.º 1 é de *estado de necessidade* e, por isso, desnecessário. De outra forma, como se depreende do n.º 2 do art. 252.º-A do CPP, estamos perante um meio de obtenção de prova puro, que carece de autorização e/ou ordem do juiz por colidir com direitos fundamentais. Neste sentido, esta tentativa de *policialização* da fase inicial do processo viola o princípio da jurisdicionalização de todo o processo – *ab initio ad finem* – e, consequentemente, parece-nos que está ferida de inconstitucionalidade material por violação do art. 32.º n.º 4 da CRP, que consagra a intervenção do juiz sempre que o acto ou diligência processual colidir "directamente com os direitos fundamentais". Consideramos que não enquadrará este juízo de inconstitucionalidade se a situação factual preencher os quesitos do estado de necessidade[201], o que afasta a opção legislativa demasiado perigosa por poder ser uma alavanca para se proceder a escutas telefónicas sem autorização judicial e fora da fase de inquérito como impõe o n.º 1 do art. 187.º do CPP. A comunicação *a posteriori* ao juiz não afasta a violação do direito fundamental *liberdade* e de *não se saber onde se encontra o cidadão*, assim como da *pala-*

---

[201] Quanto ao *estado de necessidade* legitimador da restrição de um direito fundamental, GOMES CANOTILHO e VITAL MOREIRA, *Constituição da República...*, 4.ª Edição, Vol. I, p. 543.

Escutas Telefónicas – da excepcionalidade à vulgaridade 103

*vra falada*, da *reserva da intimidade da vida privada*. Nem a prescrição de nulidade, que entendemos como proibição de uso dos dados de localização, repõe (ou restaura) a integridade dos direitos fundamentais.

**II.** O n.º 2 do art. 252.º-A do CPP, que impõe a comunicação ao juiz no prazo máximo de 48 horas, se a localização celular se referir a um processo em curso, é contrário ao n.º 2 do art. 189.º do CPP, apesar de considerarmos que os OPC podem promover diligências cautelares e de polícia depois da comunicação da notícia do crime e das respectivas provas reais e pessoais à AJ – *v. g.*, n.º 3 do art. 249.º do CPP. Todavia, tendo em conta que, estando o processo em curso, não se levanta o *periculum in mora* da intervenção da AJ e da perda da prova que se está a recolher para o processo – um dado de localização de um arguido ou intermediário ou vítima por meio celular. Não consideramos adequada a solução do n.º 2 do art. 252.º-A do CPP num momento histórico em que já se encontra implementado o tribunal de turno – MP e JIC encontram-se, melhor, deviam encontrar-se contactáveis. Há uma desconformidade deste preceito com o consagrado no n.º 4 do art. 32.º da CRP[202], excepto se for *estado de necessidade* de evitar o "perigo para vida ou de ofensa à integridade física grave".

Quanto ao n.º 3 do art. 252.º-A do CPP, que prevê a comunicação dos dados de localização celular ao "juiz da sede da entidade competente para ainvestigação criminal" caso os mesmos se refiram a um novo processo, *i. e.*, no âmbito da prevenção criminal *stricto sensu* ou, como afirma PAULO P. ALBUQUERQUE, no quadro da "pura prevenção criminal"[203], levantam algumas questões. A intercepção de comunicações – que permitirá a localização celular do arguido, do

---

[202] Conjugado com o n.º 4 do art. 34.º da CRP.
[203] Cfr. PAULO PINTO DE ALBUQUERQUE, *Comentário ao Código de Processo Penal à Luz da Constituição e da Convenção dos Direitos do Homem*, Universidade Católica Editora, Lisboa, 2007, p. 652.

intermediário ou da vítima – só é admissível constitucionalmente "em matéria de processo criminal", ou seja, só é admissível quando existe um processo crime e nunca antes da sua existência, sob pena de inconstitucionalidade material por violação do art. 34.º, n.º 4, *in fine* da CRP[204]. Este preceito é mais um marco significativo da *policialização* do processo e da sua consequente *desjurisdicionalização*. Não queremos afastar a importância dos dados de localização celular das pessoas previstas no n.º 4 do art. 187.º do CPP, que são fundamentais para provar, quantas vezes, a sua inocência ou para descobrir a verdade sobre se um determinado arguido é quem, num determinado espaço, coordena as operações de compra e venda de estupefacientes (art. 21.º do DL n.º 15/93, de 20 de Janeiro) e, desta forma, se realizar a justiça (penal).

O que nos preocupa é a tutela efectiva dos direitos, liberdades e garantias fundamentais de todos os cidadãos que, quando são afectados mais gravemente do que o não alcance da paz pública com a intervenção jurídico-operativa-processual, que não se compadecem com a sua materialização enferma. A localização celular não se confunde com a vigilância policial – sendo esta uma técnica de perquisa directa de informações sobre determinada pessoa[205] ou sobre a actividade ilícita de uma ou mais pessoas, cujo conteúdo é transposto para um relatório que será entregue ao MP para decidir se um requerimento ao Juiz de uma diligência mais gravosa para o cidadão visado tem ou não fundamento, como a realização de uma busca domiciliária, de uma apreensão de correspondência, de intercepção e gravação de conversações e comunicações e, até mesmo, de localização celular.

---

[204] Neste sentido, PAULO PINTO DE ALBUQUERQUE, *Comentário do Código de Processo...*, p. 652.

[205] No quadro da recolha de informações no âmbito de segurança interna ou no âmbito da prevenção criminal, cuja GNR e PSP têm competência nas sua "áreas de actuação e com vista à detecção de situações de tráfico e consumo de estupefacientes ou substâncias psicotrópicas", de vigiar recintos "frequentados por grupos de risco" ou zonas "referenciadas como locais dee tráfico ou de consumo", cfr. als. *a)* e *b)* do n.º 2 do art. 2.º do DL n.º 81/95, de 22 de Abril.

## Escutas Telefónicas – da excepcionalidade à vulgaridade

A vigilância policial não restringe tão forte e tão gravemente os direitos fundamentais da *liberdade* e, como não é possível actualmente localizar sem interceptar a comunicação, da *palavra falada* como a localização celular que não devia ter sido inserida sistematicamente, porque não tem essa natureza, nas medidas cautelares e de polícia.

Como dois últimos pontos e se for admissível e se a doutrina e a jurisprudência entender a *localização celular* como medida cautelar e de polícia, consideramos que os sujeitos passivos desta medida se aferem do n.º 4 do art. 187.º do CPP [arguido, intermediário ligado ao *factum criminis* e a vítima que consinta], impondo-se aqui o princípio da interpretação restritiva das leis ou preceitos restritivos dos direitos fundamentais, seguindo o brocado *odiosa sunt restringenda*[206]; outro ponto, consideramos que a consequência jurídica de *nulidade*, prevista no n.º 4 do art. 252.º-A do CPP, para "obtenção de dados sobre localização celular com violação" dos quesitos impostos e, acrescentamos, do princípio da proporcionalidade *lato sensu* [adequação, necessidade e exigibilidade, subsidiariedade e proporcionalidade *stricto sensu*], assim como da lealdade, se insere no quadro das proibições de prova, previstas no art. 126.º do CPP e consagradas no n.º 8 do art. 32.º da CRP.

**III.** A extensibilidade prevista no n.º 2 do art. 189.º dos dados sobre localização celular constantes de autos e dos registos da realização de conversações e comunicações não é pura, pois a obtenção e a junção aos autos dos mesmos (dados e registos) carece de autorização ou de ordem por despacho de juiz e para qualquer fase do processo – inquérito, instrução e julgamento. A extensibilidade operada pelo n.º 1 do art. 189.º do CPP apenas se admite para a fase de inquérito, conquanto a extensibilidade do n.º 2 do art. 189.º não se esgota na fase de inquérito, pois estende-se às fases de instrução e de julgamento, criando um regime processual menos favorável às pessoas

---

[206] Quanto ao afastamento da interpretação extensiva das normas restritivas, JORGE MIRANDA, *Manual de Direito... – Tomo IV*, 3.ª Edição, p. 340.

previstas nas als. *a)* e *b)* do n.º 4 do art. 187.º do CPP. As escutas telefónicas, só podem ser efectuadas [e não podem ser proteladas] na fase do inquérito por imposição legal, mas a localização celular pode ser autorizada (na fase de inquérito a requerimento da APC ao MP e deste ao Juiz) ou ordenada por juiz, por despacho fundamentado de facto e de direito, quanto às tipologias criminais dos n.º 1 e 2 do art. 187.º, sobre as pessoas previstas no n.º 4 do art. 187.º do CPP (na fase da instrução e julgamento). Será que esta abertura na fase de instrução e do julgamento não se configura como uma possibilidade indirecta de realizar escutas telefónicas inadmissíveis *ex lege* através da *localização celular*? O tempo nos elucidará.

Refira-se que a autorização ou ordem da diligência – *localização celular* – deve obedecer aos princípios da indispensabilidade da descoberta da verdade [mesmo para as fases de instrução e de julgamento] ou da impossibilidade ou muita dificuldade de obtenção dos dados necessários para a prova, prescritos no n.º 1 do art. 187.º do CPP.

Este meio de obtenção de prova é, como as escutas telefónicas, um meio excepcional, que restringe direitos, liberdades e garantias e, por isso, deve ser interpretado e aplicado de forma restritiva, pelo que a localização celular e o registo detalhado das "chamadas efectuadas de e para certo aparelho telefónico (fixo ou móvel)"[207] impõem autorização fundamentada de juiz e restringida aos sujeitos previstos no n.º 4 do art. 187.º e somente ao catálogo dos n.ºs 1 e 2 do art. 187.º do CPP, vinculando, desta feita e por força do n.º 1 do art. 18.º da CRP, as entidades privadas, ou seja, as operadoras[208]. Esperemos que a busca da verdade não olvide que se destrói mais a justiça quando não se actua com lealdade, do que a não descoberta da verdade, ou seja, que a busca da verdade tenha como mote que o processo penal é, por excelência, o direito dos inocentes.

---

[207] Cfr. ANDRÉ LAMAS LEITE, "Entre Péricles e Sísifo...", *in RPCC*, Ano 17, n.º 4, p. 665.

[208] Neste mesmo sentido, ANDRÉ LAMAS LEITE, "Entre Péricles e Sísifo...", *in RPCC*, Ano 17, n.º 4, p. 665.

*Escutas Telefónicas – da excepcionalidade à vulgaridade* 107

## 14. O registo de voz (*off*) e de imagem

**I.** A Lei n.º 5/2002, de 11 de Janeiro, estabelece um regime especial de produção de provas e a quebra do segredo profissional e perda de bens a favor do Estado no que se refere aos crimes de tráfico de estupefacientes – artigos 21.º a 23.º e 28.º do DL n.º 15/93 –, terrorismo e organizações terroristas, tráfico de armas, corrupção passiva e peculato, branqueamento de capitais, associação criminosa, contrabando, tráfico e viciação de veículos furtados, lenocínio e lenocínio e tráfico de menores e contrafacção de moeda e de títulos equiparados a moeda, nos termos do n.º 1 do art. 1.º.

A par dos demais meios de prova, o art. 6.º deste diploma prescreveu como meio de produção de prova o *registo de voz (off) e imagem*, «por qualquer meio, sem consentimento do visado», mas com a prévia autorização – quando requerido pelo MP ou APC – ou ordem – *ex officio* – do juiz.

Ao registo de voz (*off*) e de imagem[209] aplica-se, *ex lege* [n.º 3 do art. 6.º], as formalidades prescritas no art. 188.º do CPP – tais como lavrar o auto, elaborar o relatório no qual deve indicar as passagens relevantes para a prova, descrever sucintamente o conteúdo e explicar o alcance para a descoberta da verdade, ao qual se juntam os suportes técnicos, e dar *conhecimento*, de 15 em 15 dias, dos autos, dos relatórios e dos suportes técnicos ao MP, que, no prazo de 48 horas, levará ao conhecimento do *juiz* que autorizou ou ordenou o registo[210], podendo aquele ordenar a "destruição imediata dos supor-

---

[209] Quanto à problemática do registo de voz (*off*) e imagem, com profundidade académico-científica, MÁRIO FERREIRA MONTE, "O Registo de Voz e Imagem no Âmbito da Criminalidade Organizada e Económico e Financeira – Lei n.º 5/ /2006, de 11 de Janeiro" e "A Intervenção e Gravação de Conversações e Comunicações. O Registo de Voz e Imagem. Alguns Aspectos Relevantes do Actual Sistema Processual Penal", *in Medidas de Combate à Criminalidade Organizada e Económico-Financeira*, Coimbra Editora, Coimbra, 2004, pp. 79-90 e 91-106. Quanto a este assunto o nosso "La Investigación del Crimen Organizado... ", in *Dos Décadas de Reformas...*, p. 192.

[210] Cfr. n.os 1, 3 e 4 do art. 188.º do CPP.

tes técnicos e relatórios manifestamente estranhos ao processo", que respeitem a pessoa não previstas no n.º 4 do art. 187.º do CPP, a matérias de segredo de Estado, profissional ou de funcionário ou que afectem direitos, liberdades e garantias caso fossem divulgados[211], podendo ser coadjuvado para o efeito por OPC[212]. Quer o arguido, quer o assistente quer o intermediário, cuja voz ou imagem tenha sido registada têm o direito de proceder ao exame dos documentos que constem não só da autorização ou ordem, mas também dos registos da voz (*off*) e da imagem e respectiva reprodução documental.

O legislador estendeu o regime das formalidades das escutas telefónicas ao registo de voz e da imagem, tendo em conta que o registo de voz (*off*) prescrito na Lei n.º 5/2002 não se confina ao mesmo panorama mecânico da intercepção e gravação de conversações e comunicações, apesar de os direitos à palavra e à imagem serem afectados profundamente, cuja agressividade também se verifica no plano das escutas telefónicas.

Ao submeter o registo de voz (*off*) e de imagem às formalidades, *mutatis mutandis*, previstas no art. 188.º do CPP, impõe-se que se tenha em conta a nova redacção do preceito. Todavia, a alteração do art. 187.º do CPP influenciou a alteração do art. 188.º do CPP, principalmente no que respeita às pessoas que podem ser escutadas e que podem sofrer com a destruição de relatórios e suportes técnicos antes de terem acesso aos mesmos e o que pode valer como prova [as conversações ou comunicações que o MP ordenar ao OPC para transcrever e que o arguido e assistente transcreverem das cópias existentes] conforme n.º 9 do art. 188.º do CPP. No campo do registo de voz (*off*) e imagem, consideramos que, na base do brocado *odiosa sunt restringenda*, se devem aplicar os mesmos princípios do recurso às escutas telefónicas a este meio de produção de prova, assim como restringir os sujeitos passivos do meio de produção de

---

[211]  Cfr. n.º 6 do art. 188.º do CPP.
[212]  Cfr. n.º 5 do art. 188.º do CPP.

*Escutas Telefónicas – da excepcionalidade à vulgaridade*

prova ao arguido e ao intermediário, restringir os prazos de três meses prorrogáveis como nas escutas telefónicas, e aplicar o regime do n.º 7 do art. 187.º do CPP quanto aos conhecimentos fortuitos.

**II.** De relevar há o facto de que, no plano substantivo legitimador deste meio de produção de prova, verificamos que os crimes que legitimam o registo de voz (*off*) e da imagem também legitimam a realização das escutas telefónicas e que este meio pode ser fulcral para se provar ou não que uma determinada voz, interceptada e gravada em uma conversação ou comunicação, é a voz de *A* ou *B* e não a voz de *C* ou *D*. Mais do que a conversação ou o conteúdo da comunicação, o que está em causa é a *voz* e a *imagem* de determinada pessoa suspeita da prática de determinado crime catálogo.

Duvidamos da necessidade deste meio de produção de prova – veja-se que o legislador designou o registo de voz (*off*) e de imagem como *meio de produção de prova* – Capítulo II – e não meio de obtenção de prova, muito embora estendesse o regime de um meio de obtenção de prova idêntico [escutas telefónicas] ao novo meio de produção de prova – uma vez que na intercepção e na gravação das conversações e comunicações telefónicas não se regista apenas o conteúdo, mas também a voz de quem conversa e comunica, cuja perícia à voz seria sempre possível por determinação da autoridade judiciária[213].

Quanto ao registo das imagem, o CPP já previa a sua possibilidade no art. 167.º, devendo-se para o efeito respeitar o preceituado para os meios de obtenção de prova, *ex vi* n.º 2 do art. 167.º do CPP, o que se nos configura desnecessária a previsão legal em um diploma avulso de um meio já previsto no CPP, sendo de realçar e valorar a sujeição de realização à autorização ou à ordem de juiz.

---

[213] Cfr. art. 154.º do CPP. A perícia pode ser ordenada pelo MP no inquérito, deve ser ordenada pelo JIC na instrução e pelo juiz no julgamento, quer a requerimento quer oficiosamente. *Hoc sensu* MAIA GONÇALVES, *Código de Processo...*, 12.ª Ed., p. 378.

# 15. Da intercepção (controlo) de comunicações no quadro da segurança interna

**I.** O recurso à intercepção de qualquer meio de comunicação para questões de segurança interna está previsto no art. 18.º da LSI, que prevê a possibilidade de recurso ao *controlo de comunicações* para efeitos de segurança interna[214]. Quanto a esta possibilidade de intercepção e gravação – que o legislador designa de *controlo de comunicações* – vamos fazer quatro considerações de enquadramento, de explicitação e de crítica.

> **a.** Consideramos que o «controlo de comunicações» *não pode ser considerada uma medida de polícia*, porque, desde logo, depende de autorização prévia do Juiz de Instrução Criminal (JIC) e está sujeita à permanente e imediata intervenção do JIC, como se depende dos n.ᵒˢ 1 e 4 do art. 18.º da LSI. Desta feita, é uma medida judicial, um *meio de obtenção de prova excepcional*[215] que a Polícia (PJ) deve operacionalizar para a prossecução da segurança interna.
>
> **b.** Defendemos que *o catálogo de crimes* a que se refere o n.º 1 do art.º 18.º da LSI, com remissão para o n.º 2 do art. 187.º do CPP, imbrica com a preocupação de salvaguardar da segurança interna face a actos ou factos ilícitos de elevada organização, elevada especialidade e complexidade, que possam perigar a paz pública – ora vejamos, crimes de terrorismo, de criminalidade violenta ou altamente organizada, de associação criminosa, crimes contra a paz e a humanidade, contra a segurança do Estado, crimes abrangidos por convenção sobre segurança de navegação aérea ou marítima, de produção e tráfico

---

[214] Quanto a este assunto o nosso "El Sistema de Seguridad Interior Portugués. Breve Reflexión", *in Revista de Seguridad Publica* – Cuadernos de la Guardia Civil, Madrid, n.º XXXVI, Año 2007, 2.ª Epoca, p. 8.

[215] Quanto à excepcionalidade ao recurso do controlo das comunicações, GUEDES VALENTE, MANUEL M., *Escutas Telefónicas – Da Excepcionalidade à Vulgaridade*, Almedina, Coimbra, 2004 e *Processo Penal* – Tomo I, pp. 385-437.

*Escutas Telefónicas – da excepcionalidade à vulgaridade* **111**

de estupefacientes, de falsificação de moeda ou títulos equiparados a moeda, *i. e.*, crimes cuja prática e resultado final fazem perigar danosamente a segurança interna.

**c.** Consideramos que o *controlo de comunicações*, como se retira dos n.º 1 e 2 da LSI, é da *competência exclusiva da PJ* após a autorização (ou ordem) do JIC. Não podemos, em sede de segurança interna, restringir o controlo de comunicações à fase de inquérito[216], pois estamos no âmbito de uma influência das condutas delitivas graves que podem influir na segurança interna na fase do inquérito, de instrução e, até, mesmo de julgamento[217]. Refira-se que a investigação dos crimes do catálogo previstos no n.º 2 do art. 187.º do CPP são da competência da PJ e os terminais de controlo das comunicações encontram-se sedeados nas suas instalações. Esta limitação física e jurídico-material não prejudica o controlo imanente do JIC que autorizou ou ordenou a diligência, como se pode retira do n.º 4 do art. 18.º. Todavia, consideramos que cabe ao MP requerer ao juiz o *controlo de comunicações* e cabe-lhe, também, fiscalizar a PJ na fase de inquérito do processo.

**d.** Temos defendido que, em sede de segurança interna, há tipologias criminais não constantes deste catálogo que deviam constar do mesmo – *v. g.*, delitos económicos, ambientais, corrupção, branqueamento (de vantagens) – e que o recurso às designadas escutas telefónicas não pode ser tão restritivo se o cenário for de prevenção de determinados crimes – terrorismo, crime organizado, tráfico de armas, de seres humanos, de

---

[216] Cfr. n.º 1 do art. 187.º do CPP.

[217] No caso de um julgamento de um criminoso ligado a uma rede ou organização terrorista, faz todo o sentido que se proceda à intercepção de escutas telefónicas entre aquele e os seus intermediários (e até mesmo o seu advogado), para evitar que haja um atentado terrorista ou a execução de um plano de fuga daquele criminoso, cuja liberdade coloca em perigo a segurança interna do Estado e dos demais Estados-Membros ou da Comunidade Internacional.

órgãos humanos, de droga, contra humanidade, contra a paz nacional, europeia e internacional –, porque, verificados os prejuízos, são de elevada monta. Mas, esta abertura não pode ser uma muleta para a investigação criminal, onde o recurso às escutas telefónicas deve ser excepcionalíssimo.

**II.** A Proposta de Lei n.º 184/X[218], que aprova a nova Lei de Segurança Interna, não expressa a possibilidade de recurso ao controlo das comunicações para o catálogo de crimes previstos no art. 187.º, em especial para os constantes do n.º 2 deste preceito, cuja sua verificação afectam sobremaneira a segurança interna. Todavia, o legislador ressalvou o prescrito no n.º 3 do art. 18.º da LSI ainda em vigor[219], que dá a prerrogativa ao Juiz de remeter, à força ou serviço de segurança detentora do processo crime em investigação, em auto próprio e sigiloso, os elementos que possam constituir elementos de prova para crimes de terrorismo, criminalidade violenta ou altamente organizada.

Parece-nos que o legislador tem em conta que a previsão de um preceito idêntico ao n.º 2 do art. 187.º do CPP na LSI não faria sentido, uma vez que a prossecução de investigação criminal na fase de inquérito e o alcance positivo de resultados capazes de evitar lesão ou de evitar a colocação em perigo de lesão bens jurídicos funciona como base de criação e de fomento de segurança interna (nacional, europeia e internacional). O legislador segue o comando constitucional de que só são admissíveis intromissões nas (tele)comunicações em *matéria de processo criminal*[220].

---

[218] Consultada em *http://www.parlamento.pt/ActividadeParlamentar/Paginas/DetalheIniciativa.aspx?*, no dia 29 de Junho de 2008.

[219] Cfr. n.º 1 do art. 34.º da Proposta de Lei n.º 184/X.

[220] Cfr. *in fine* do n.º 4 do art. 34.º da CRP.

*Escutas Telefónicas – da excepcionalidade à vulgaridade*     113

## 16. Valoração probatória

### a. *Considerações gerais*

**I.** O art.º 190.º do CPP, estipula que, sob pena de *nulidade*, os *requisitos* e *condições* prescritas nos artigos 187.º, 188.º e 189.º do CPP devem ser observados[221].

Relevante é saber qual o sentido do substantivo «nulidade» prescrito no art.º 190.º do CPP quando, no recurso às escutas telefónicas, se não verifiquem os pressupostos inerentes à sua realização. A doutrina encontrou-se, até a reforma de 2007 e alteração do n.º 3 do art. 126.º do CPP, dividida:

* JOSÉ DA COSTA PIMENTA[222] e TOLDA PINTO[223], nos termos do art.º 120.º e ss. do CPP, defendiam que o sentido de «nulidade» prescrito no art. 189.º se confinava à *nulidade dependente de arguição*[224]. O mesmo pensamento tinha MAIA GONÇALVES quanto à não verificação dos quesitos formais, excepto quanto à falta de autorização ou ordem judicial;

* Por conseguinte, MAIA GONÇALVES[225], no caso de inexistência de autorização ou de ordem judicial, considerava que a sanção adjectiva se enquadrava no plano das *nulidades insanáveis*, nos termos dos artigos 118.º e 119.º do CPP. Posição que continua a manter[226].

---

[221] Quanto à valoração probatória da inobservância dos quesitos legais impostos pelos artigos 187.º, 188.º e 189.º do CPP, tendo em conta a alteração do n.º 3 do art. 126.º do CPP, ANDRÉ LAMAS LEITE, "Entre Péricles e Sísifo...", *in RPCC*, Ano 17, n.º 4, pp. 665-669.

[222] *Apud* MAIA GONÇALVES, *Código de Processo...*, 12.ª Ed., p.431.

[223] Cfr. TOLDA PINTO, *A Tramitação Processual Penal*, 2.ª Edição, Coimbra Editora, 2001, p. 425.

[224] Neste sentido, o Ac. STJ de 21 de Outubro de 1992, *in BMJ*, n.º 420, pp. 230 e ss..

[225] Cfr. MAIA GONÇALVES, *Código de Processo...*, 12.ª Ed., p. 431.

[226] Cfr. MAIA GONÇALVES, *Código de Processo...*, 17.ª Edição, 2007, p. 437.

\* MANUEL DA COSTA ANDRADE[227] e GERMANO MARQUES DA SILVA[228] defendiam que se tratava de uma *proibição de prova*, tendo em conta o estipulado pelo n.º 3 do art.º 126.º do CPP – «ressalvados os casos previstos na lei, são igualmente nulas as provas obtidas mediante intromissão nas telecomunicações» – cuja nulidade acarretava que a prova não podia ser utilizada, por força do n.º 1 do art.º 126.º do CPP, excepto contra quem a tivesse produzido, *ex vi* n.º 4 do art.º 126.º. No sentido de proibição de prova, entroncava-se a posição de MAIA GONÇALVES quanto à "apreensão ou intromissão na correspondência postal ou nas telecomunicações", sempre que fossem "efectuadas sem o consentimento de quem de direito ou sem ordem ou autorização da autoridade judiciária"[229].

Continuamos a acompanhar MANUEL DA COSTA ANDRADE e GERMANO MARQUES DA SILVA, tendo em conta que, por um lado, a lei dispõe que as condições de admissibilidade e os requisitos são estabelecidos sob *pena de nulidade*, devendo-se entender que a sua inobservância constitui *proibição de prova* determinada pelo art.º 32.º, n.º 8 da CRP e o art.º 126.º do CPP, por outro, o sentido de «nulas» prescrito no enunciado dos números do art.º 126.º deve ser interpretado como *proibidas* em consonância com a epígrafe do preceito – proibições de prova –, sendo que tem como consequência a sua não utilização no processo em curso, e, ainda, face aos bens jurídicos ofendidos com a inobservância das condições e requisitos – reserva da intimidade da vida privada, direito à palavra falada, confidencialidade da palavra falada, inviolabilidade de comunicações[230] –

---

[227] Cfr. MANUEL DA COSTA ANDRADE, *Sobre as Proibições...*, p. 188 e ss..

[228] Cfr. GERMANO MARQUES DA SILVA, *Curso de Processo Penal*, Vol. II, pp. 205/206.

[229] Cfr. MAIA GONÇALVES, *Código de Processo...*, 12.ª Ed., p. 431. Sentido que mantém na 17.ª Edição, de 2007, p. 437.

[230] Cfr. GOMES CANOTILHO e VITAL MOREIRA, *Constituição da República...*, 4.ª edição, Vol. I, pp. 543-544.

# Escutas Telefónicas – da excepcionalidade à vulgaridade

de tutela constitucional, a utilização das provas contra aqueles que as obteram ilegalmente. A reserva da intimidade da vida privada e familiar é uma trave mestra do princípio basilar do nosso Estado de Direito Democrático – dignidade da pessoa humana –, cuja força centrífuga impõe, um plano de «concordância prática» para que a verdade material se realize, e não se coaduna com o entendimento de que a «nulidade» a que se refere o art. 190.º do CPP se circunscreva à lógica das nulidades dependentes de arguição ou das nulidades insanáveis.

Neste mesmo sentido e na linha da nossa posição, entendemos que a alteração ao n.º 3 do art. 126.º do CPP, ao aditar ao texto a impossibilidade de utilização de provas obtidasde forma ilícita e no desrespeito dos pessupostos legais das escutas telefónicas, seguindo o mesmo regime do n.º 1 do art. 126.º do CPP[231], vem afastar as dúvidas de interpretação da "nulidade" do art. 190.º do CPP, ou seja, que só se deve entender como proibição no sentido do art. 126.º do CPP.

**II.** Outro problema inerente à produção de prova e à sua proibição surge quanto à sua complexidade e especialidade de que nos fala COSTA ANDRADE[232], que se prende com a valoração da *proibição de produção* e da *proibição de valoração*.

Para SCHÜNEMANN, "os problemas jurídicos-processuais das escutas telefónicas se reduzem – (...) – a problemas de proibição de produção de prova"[233], concluindo que "«só há limites à valoração de provas quando estes assentam num modo *não permitido* de produção»"[234].

Contudo, RUDOLPHI sintetiza que "«A valoração de uma conversação telefónica legalmente gravada só será admissível quando especial-

---

[231] Quanto a este assunto e no mesmo sentido, considerando a *nulidade* prevista no art. 190.º do CPP como uma *"nulidade atípica*, designada por «probição de prova»"*, ANDRÉ LAMAS LEITE, "Entre Péricles e Sísifo...", *in RPCC,* Ano 17, n.º 4, pp. 668-669.

[232] Cfr. M. DA COSTA ANDRADE, *"Sobre o Regime Processual...", in RPCC,* Ano I, Fasc. 3, p. 376.

[233] *Ibidem.*

[234] *Ibidem.*

mente justificada. Isto é: quando nos termos do § 100 a) da StPO, teria sido possível ordenar a escuta telefónica e proceder à gravação precisamente daquela conversação para efeitos de perseguição penal»"[235].

Como ensina COSTA ANDRADE, verifica-se, como no BGH alemão, o "princípio da descontinuidade normativa entre o juízo de licitude/ilicitude da produção da prova e o da admissibilidade da respectiva utilização probatória"[236], no primeiro momento temos "o discurso (substantivo) de licitude/ilicitude da recolha de provas" e no segundo momento "o discurso (processual) da validade da sua utilização"[237].

## b. *Dos «conhecimentos fortuitos»*[238]

**I.** Não raras as vezes, na intercepção e gravação das escutas telefónicas, os operadores judiciárias – *maxime* OPC – têm conhecimento de factos recolhidos fortuitamente que não se reportam ao crime cuja investigação legitimou a autorização ou ordem da escuta telefónica, ou seja, obtêm um conhecimento fortuito de outro tipo legal de crime não impulsionador da escuta: *p. e.*, tendo em conta a investigação por escuta de *A* por crime de *roubo* – p. e p. pelo art. 210.º do CP – se apura que cometera um crime de *furto de uso de veículo* – p. e p. pelo art. 208.º do CP.

Problema que se afigura mais complexo se a infracção de que se tem conhecimento fortuito não é ou não se imputa ao sujeito sobre

---

[235] RUDOLPHI *apud* M. DA COSTA ANDRADE, *"Sobre o Regime Processual...", in RPCC*, Ano I, Fasc. 3, p. 377.

[236] *Ibidem.*

[237] *Idem*, pp. 401 e ss..

[238] Quanto a um estudo aprofundado dos conhecimentos fortuitos e actualizado, porque já refere a previsão do n.º 7 do art. 187.º do CPP, o nosso *Conhecimentos Fortuitos. A Busca de um equilíbrio Apuleiano*, Almedina Coimbra, 2006. Aconselha-se a leitura do texto de Mário Ferreira Monte, *"Intermitências Discursivas – Jurisprudenciais e Legislativas – A propósito das Escutas Telefónicas de Processo Penal, – Memórias,* Almedina, Coimbra, 2008 (no prelo).

Escutas Telefónicas – da excepcionalidade à vulgaridade     117

quem caem as suspeitas do crime catálogo originador e pressuposto da realização da intercepção e gravação de conversações: *p. e.*, na escuta de **B** por crime de *burla qualificada* – p. e p. pelo art. 218.º do CP – se intercepta uma conversação de **C**, amigo de **B**, que lhe informa que cometera um crime alteração de marcos – p. e p. pelo art. 216.º do CP.

**II.** De relevo há a referir dois pontos de discussão[239]: por um lado o facto dos conhecimentos fortuitos, apesar da distinção conceptual e normativa, terem pontos de conexão com o *objecto do processo* que por sua vez se inter-relaciona com o crime catálogo legitimador da escuta; e, por outro, a distinção ou a separação conceptual normativa e consequente valoração dos conhecimentos fortuitos face aos conhecimentos da investigação, ou seja, aqueles que os investigadores obtêm por força da investigação em curso.

No que concerne ao primeiro ponto, a investigação criminal é crucial na identificação e na determinação do *objecto do processo*[240]. Neste caminho orientador, ao se investigar com o recurso à escuta telefónica – na descoberta de provas reais e na localização de provas pessoais – poder-se-á identificar e determinar o objecto do processo desde que se descubram provas referentes ao crime que legitimou a escuta telefónica. Perigoso seria aceitar-se que, não se verificando o crime catálogo, se permitisse a valoração das provas de um outro crime não do catálogo, obtidas por escuta, para se identificar e determinar o objecto do processo.

---

[239] Quanto a este assunto MANUEL DA COSTA ANDRADE, *"Sobre o Regime Processual...", in RPCC*, Ano I, Fasc. 3, p. 377. pp. 401 e ss..

[240] Quanto à problemática da identificação e determinação do objecto do processo, o nosso estudo "Princípio da Liberdade", *in Dos Órgãos de Polícia Criminal*, Almedina, Coimbra, 2004, pp. 56 e 57, A. CASTANHEIRA NEVES, "O objecto do Processo", *apud* TERESA BELEZA e FREDERICO ISASCA, *Direito Processual Penal – Textos*, AAFDL, Lisboa, 1991, pp. 135 a 190 e *Sumários de Direito Criminal*, Coimbra, 1968, pp. 196 a 250.

Na Linha de WOLTER, COSTA ANDRADE[241] diferencia os conhecimentos fortuitos dos *conhecimento da investigação*, que, por não se enquadrarem no âmbito daqueles, são admitidos como prova nos seguintes casos:

* sempre que os factos de que se tem conhecimento na escuta estejam em *concurso ideal e aparente* com o crime catálogo;

* se os factos compreenderem os designados *delitos alternativos* que comprovam de modo alternativo os factos do crime catálogo;

* no âmbito dos crimes que fundamentam a autorização relativamente ao crime de associação criminosa, que constituem a finalidade ou a actividade daquela. Como afirma REISS, estes conhecimentos da investigação "integram o processo histórico que, a seu tempo, ofereceu o motivo para uma ordem legítima de escuta"[242];

* num plano de igualdade com os conhecimentos da investigação, se devem acrescentar a *comparticipação* (autoria e cumplicidade), as formas de *favorecimento pessoal, auxílio material* e a *receptação*[243].

Todavia, acrescentamos que a valoração dos conhecimentos da investigação não podem ultrapassar os limites expressos e imanentes à realização das escutas telefónicas[244].

**III.** Relativamente à valoração dos *conhecimentos fortuitos* como prova válida em processo penal, analisemos a jurisprudência e

---

[241] Cfr. MANUEL DA COSTA ANDRADE, *"Sobre o Regime Processual..."*, in *RPCC*, Ano I, Fasc. 3, p. 377.pp. 401 e ss..

[242] *Idem*, p. 402.

[243] *Ibidem*.

[244] Cfr. *supra* 11. Limite expressos e imanentes.

## Escutas Telefónicas – da excepcionalidade à vulgaridade 119

a doutrina alemã[245] para de seguida nos debruçarmos sobre a portuguesa[246].

O Tribunal Federal alemão, contra a posição do *Oberlandsgericht* de Hamburgo, que se pronunciou pela "admissibilidade da valoração de todos os conhecimentos fortuitos", decidiu que « a valoração só é admissível se e na medida em que os factos conhecidos no âmbito de uma escuta telefónica conforme §100ª), da StPO, estão em conexão com a suspeita de um crime do catálogo no sentido deste preceito»[247]. Da decisão do BGH nasce "o princípio da proibição de valoração dos *conhecimentos fortuitos* «que não estejam em conexão com um crime do catálogo»"[248].

Em posteriores decisões o BGH entendeu que a conexão não se restringia única e exclusivamente ao crime catálogo que fundamentou a escuta, pois os conhecimentos fortuitos podiam "reportar-se a esse ou outro crime do catálogo, da responsabilidade do arguido ou de um terceiro não suspeito"[249]. O alargamento da valoração dos conhecimentos fortuitos aplica-se principalmente "no domínio específico das *associações criminosas* e do *terrorismo.* (...) relativos aos *crimes que constituem a finalidade ou actividade da associação criminosa*", por um lado, e, por outro, o BGH também "entende que o facto de em julgamento se apurar como infundada a acusação pelo crime de associação criminosa não impede a valoração dos conhecimentos relativos aos crimes da associação criminosa"[250] – art. 299.º do CP.

Duas posições antagónicas se apresentam na doutrina: por um lado, SCHÜNEMANN defende a total valoração dos conhecimentos

---

[245] Com maior desenvolvimento, o nosso *Conhecimento Fortuitos...,* pp. 104-108 e 114-122.

[246] *Idem*, pp. 110-114 e 123-125.

[247] *Idem*, p. 403.

[248] *Ibidem.*

[249] *Idem*, p. 404.

[250] *Ibidem.*

fortuitos sem quaisquer restrições; contrariamente e por outro, PRIT-TWITZ defende a total proibição de qualquer conhecimento fortuito[251].

Apesar da maioria dos autores e da jurisprudência alemã se direccionar para a valoração dos conhecimentos fortuitos que estejam em conexão com o crime catálogo, sendo esta conexão condição necessária e suficiente, há os que **entendem que a valoração deve obedecer «ao programa político-criminal subjacente àquele regime e aos juízos de concordância prática** que lhe emprestaram sentido»[252], ou seja, impõe-se que se pondere «a gravidade da suspeita e a própria urgência criminalística da medida *sub nomine* da cláusula da *ultima ratio*», pois o **princípio constitucional da proporcionalidade** tem de valer para *a autorização da escuta* e para a *valoração das conversações que a utilização legal de uma escuta telefónica permitiu registar no gravador*[253] – submete-se, desta feita, a valoração dos "conhecimentos fortuitos a um juízo hipotético de intromissão, fazendo incidir sobre eles aquela ideia de «estado de necessidade investigatório»"[254].

Problema relevante recai nos casos em que o conhecimento fortuito incide sobre um crime não catalogado – que é o objecto de acusação –, conhecido no âmbito da escuta motivada pela suspeita de *associação criminosa* ou um dos seus crimes – finalidade ou actividade. Contra esta posição encontram-se WOLTER, WELP e ROXIN, sendo que este último argui que seria perigoso aceitar tal posição doutrinária por se poder fundamentar a investigação através da escuta com base na suspeita do crime de associação criminosa sem que este se pudesse verificar, para que se investigue por escutas crimes que não preenchem o catálogo[255].

**IV.** Os conhecimentos fortuitos – *Zufallsfunde* –, no panorama das escutas telefónicas, apresentam-se, hoje, como um desafio que

---

[251] *Idem*, p. 405.
[252] *Idem*, pp. 405 e 406.
[253] *Idem*, p. 406.
[254] *Ibidem*.
[255] *Idem*, p. 407.

Escutas Telefónicas – da excepcionalidade à vulgaridade 121

imbrica com os direitos fundamentais do cidadão, cuja relevância se eleva se inserido em um processo penal que se quer e se deseja democrático e leal quer na forma quer na matéria. Todavia, este processo penal, democrático e leal, é direito dos inocentes e, como sua consequência, é direito de liberdade individual e colectiva, o que, à partida, nos poderia induzir à edificação de uma constelação radicalizante de negação absoluta dos conhecimentos fortuitos – posição esta não seguida.

Os *Zufallsfund* obtidos através de uma escuta telefónica lícita têm de ser, por um lado, olhados e, por outro, vistos[256] face aos princípios que norteiam e legitimam as intercepções e gravações de comunicações e conversas telefónicas, relevando a excepcionalidade do meio de obtenção de prova e as finalidades do processo penal conexionadas com uma política criminal direccionada para o homem como sujeito e não objecto do processo[257].

Não obstante a positivação de uma solução no n.º 7 do art. 187.º do CPP, a proibição ou a valoração dos conhecimentos fortuitos não pode basear-se, na nossa opinião e face ao princípio da prevenção criminal que está ao serviço do princípio do respeito da dignidade da pessoa humana, em constelações estanques ou radicais, sob pena de desaparecerem ou perderem a sua real natureza na irrelevância jurídica que lhe é dotada em um certo momento jurídico-processual – proibição de valoração dos conhecimentos fortuitos – e de toda a relevância jurídica que lhe é dotada em outro momento jurídico--processual – valoração do conhecimento fortuito para «base da investigação», *i. e.*, originador da *notitia criminis*[258] e sua comuni-

---

[256] Pois, olhar uma coisa não é mesmo que ver essa coisa.

[257] Acompanhamos JORGE DE FIGUEIREDO DIAS, na relevância que dá à repercussão que as políticas criminais detêm sobre o processo penal, que, nas palavras de ROXIN, é "a forma através da qual as proposições de fins político--criminais se vazam no *modus* da validade jurídica" ou, nas palavras de FIGUEIREDO DIAS, "...se vazam no modus da vigência jurídica". Cfr. JORGE DE FIGUEIREDO DIAS, *Direito Processual...*, (lições coligidas por MARIA JOÃO ANTUNES), p. 19.

cação ao MP, como se retira *ab initio* do n.º 7 do art. 187.º do CPP. Do mesmo modo não acompanhamos a tese securitarista de não proibir a valoração de todos os conhecimentos fortuitos[259], perigosa e perniciosa e delatora dos pilares do processo penal, que é «direito constitucional aplicado». Que posição assumimos, face ao direito positivo do n.º 7 do art. 187.º do CPP?

**V.** Cumpre, antes demais, ressalvar que a problemática dos conhecimentos fortuitos imbrica com o princípio geral de prevenção criminal – de perseguição criminal – que se impõe constitucionalmente – artigos 272.º, n.ºs 3 e 2, 219.º e 202.º da CRP –, mas que se encontra limitado à constituição e à lei e ao respeito pelos direitos, liberdades e garantias dos cidadãos, cuja defesa e garantia se manifesta tarefa fundamental do Estado – art. 9.º, al. *b*) da CRP – comandos que vinculam directamente entidades públicas ou privadas – art. 18.º, n.º 1 da CRP. Imbricância esta que se reflecte mais 'acidamente' no regime das escutas telefónicas e na excepcionalidade deste meio de obtenção de prova – que apenas se concebe como tal, não podendo ser utilizado como medida cautelar e de polícia ou como instrumento de recolha de informações pelos serviços de informação e segurança da república (SIS e SIED)[260], nem os elementos probatórios das escutas podem ser utilizados como fundamentação de decisões disciplinares[261].

---

[258] Como se depreende do nosso texto, não acompanhamos a posição de FRANCISCO AGUILAR, por considerarmos, como KNAUTH, que não podemos proibir a valoração de conhecimentos fortuitos por ferimento do princípio constitucional de «reserva de lei» – art. 18.º, n.º 2 e 34, n.º 4 da CRP, e, automaticamente, converter esses conhecimentos em *notitia criminis* – «base da investigação» – como se aquela não viesse posteriormente a ser apreciada e valorada pela Autoridade judiciária competente.

[259] Afastamo-nos por completo da tese de SCHÜNEMANN.

[260] Cfr. *supra* Capítulo I, 3. Meio de obtenção de prova *versus* informações secretas.

[261] Cfr. *supra* Capítulo IV, 12. Extensão do regime das escutas telefónicas.

Escutas Telefónicas – da excepcionalidade à vulgaridade    123

As escutas telefónicas são um meio de obtenção de prova dotado 'formalmente'[262] de elevada excepcionalidade[263] que, mesmo autorizado por despacho fundamentado de juiz, devassa 'ferozmente' direitos fundamentais pessoais – a reserva da intimidade da vida privada, a palavra, a inviolabilidade das telecomunicações – e encerra em si mesmo uma *danosidade social qualificada*. A mesma excepcionalidade que defendemos que deve nortear o momento do requerimento ou o da autorização ou o da sindicância das escutas telefónicas deve-se verter na questão da proibição ou não da valoração dos conhecimentos fortuitos, *i. e.*, impõe-se, desde logo, uma exegese ao caso *sub judice* e não em abstracto[264].

Acresce, ainda, que a interpretação das normas que restringem direitos obedecem ao princípio da *interpretação restritiva*, cuja materialização se impõe mais amiúde face a meios de obtenção de prova que, por natureza, encerram uma potencial ofensa a direitos fundamentais – como as escutas telefónicas – e à valoração de conhecimentos obtidos fortuitamente ou ocasionalmente, objectiva e subjectivamente, através de escutas telefónicas lícitas. O princípio da *interpretação restritiva* releva na posição que adoptamos na delimitação da valoração dos conhecimentos fortuitos, por conexionarmos à caminho apontado as finalidades do processo penal e por não nos cingirmos a uma hermenêutica positivista, que, levada ao sentido estritamente literal, face ao conflito de bens jurídicos tutelados jurídico-constitucional-criminalmente poder-se-ia frustar – quer aniquilando quer reduzindo o seu conteúdo essencial – o bem jurídico superior[265].

---

[262] Pois, duvida-se que materialmente se protagonize a visão da excepcionalidade, face ao princípio da eficácia que dirige os investigadores.

[263] Como se depreende da nova redacção do n.º 1 do art. 187.º do CPP. Quanto a este assunto *supra*, Capítulo IV, 7. Meio excepcional de investigação: fundamentos.

[264] Sem nos olvidarmos da necessidade de uma posição doutrinal orientadora.

[265] Pois, entre o direito à vida – o restabelecimento da norma tutelar – e o direito à palavra ou à reserva da intimidade da vida privada ou inviolabilidade das telecomunicações aquele deve prevalecer, conflito este que pode exempli-

Deste conflito quer de finalidades processuais em jogo quer de direitos impõe-se que não aniquilemos um em detrimento do outro, mas que encontremos ou promovamos "o máximo conteúdo possível, optimizando-se os ganhos e minimizando-se as perdas axiológicas e funcionais" capaz de "atribuir a máxima eficácia" a cada um dos vectores em conflito.

**VI.** Afastadas as teses de valoração total – de SCHÜNEMANN – e de proibição total – de PRITTWITZ e de KNAUTH – e de proibição dos conhecimentos fortuitos, mas com eficácia de *notitia criminis* – de FRANCISCO AGUILAR –, que o legislador, em 2007, adoptou e cuja conformação com a constituição é duvidosa, seguimos a posição adoptada pelo legislador alemão com a alteração protagonizada com a Lei de Combate ao Tráfico de Estupefacientes e de outras Formas de Criminalidade Organizada ao inciso V do § 100 *b*) da StPO, adjudicando alguns condicionamentos a ter em conta no momento da valoração.

A reforma de 2007, que alterou o regime das escutas telefónicas procurou solucionar a problemática dos conhecimentos fortuitos, ao estipular que «Sem prejuízo do disposto no art. 248.º, a gravação de conversações ou comunicações só pode ser utilizada em processo, em curso ou a instaurar, se tiver resultado de intercepção de meio de comunicação utilizado por pessoa referida no n.º 4 e na medida em que for indispensável à prova de crime previsto no n.º 1». O legislador optou por seguir a tese de FRANCISCO AGUILAR, ao permitir que os conhecimentos fortuitos de outros tipos de crime não motivadores da autorização de intercepção e gravação possam originar um novo processo crime (art. 248.º do CPP), e que possam os elementos probatórios ser juntos a outro processo crime em curso que não o processo objecto da escuta, desde que os factos ilícitos obtidos sejam do catálogo do n.º 1 do art. 187.º – não se refere ao n.º 2 do art. 187.º, porque qualquer daquelas tipologias se insere no n.º 1, al. *a*) – e tenham como autores os sujeitos passivos de escuta telefónica previsto no n.º 4 do art. 187.º [arguido, intermediário ligado ao crime e vítima]

---

ficar outros conflitos emergentes da proibição ou não dos conhecimentos fortuitos obtidos por meio de escuta telefónica.

*Escutas Telefónicas – da excepcionalidade à vulgaridade*  125

e que esses conhecimentos sejam indispensáveis à prova. O legislador aproximou-se da tese que alguma doutrina, onde nos inserimos, vem defendendo, sem ter tido a coragem de a plasmar na íntegra no art. 187.º do CPP: sujeição ao princípio da indispensabilidade para a prova (e descoberta da verdade) e ao princípio da incidência subjectiva restritiva da escuta telefónica[266].

Desta feita e independentemente da reforma de 2007, que se aproxima desta solução, mas não a assume por completo, consideramos que são de valorar os *conhecimentos fortuitos* obtidos por escuta telefónica lícita que se destinem ao «esclarecimento de um dos crimes do catálogo» do art. 187.º do CPP, quer o sujeito desses factos seja o arguido do processo em cuja a vigilância telefónica se opera quer seja um terceiro (intermediário) – desde que tenha participado nas comunicações e conversações[267] – que se mostrem *indispensáveis e necessários a esse esclarecimento* e que, face a um juízo de "hipotética repetição de intromissão" – «estado de necessidade investigatório» –, se verifique uma *probabilidade qualificada*[268] de que em aquele processo autónomo se recorreria à escuta telefónica por se mostrar «indispensável para a descoberta da verdade» ou de que seria impossível ou muito difícil, de outra forma, obter a prova e que os conhecimentos tenham sido comunicados *imediatamente*[269] [e «não de 15 em 15 dias»], ao MP e deste, imediatamente, ao juiz que autorizou a diligência processual [e não passadas 48 horas].

---

[266] Quanto a este assunto o nosso *Conhecimentos Fortuitos...*, p. 135.

[267] Somos da opinião que se o terceiro (intermediário) não participa nas comunicações, poder-se-á dar o caso de os intervenientes estarem a manipular a investigação e arrastar para o engodo um terceiro (intermediário) inocente. Se o terceiro (intermediário) não participa nas comunicações, a não ser que seja cúmplice ou comparticipante do crime, somos da opinião que esse conhecimento fortuito apenas deve originar uma investigação autónoma por determinação do MP.

[268] Como defende ROGALL *apud* MANUEL DA COSTA ANDRADE, *Sobre as Proibições...*, p. 110.

[269] Advérbio da redacção anterior do n.º 1 do art. 188.º do CPP, que aqui voltamos a inserir e a defender. Pois, imediatamente é logo que tenha conhecimento comunica sem quaisquer delongas. Como quesito de valoração dos

Não obstante a alteração legislativa, que preconizou o n.º 7 do art. 187.º do CPP, acrescentamos três apontamentos de reforço à nossa posição:

- por um lado, a não verificação *cumulativa* destes quesitos deverá gerar uma proibição de valoração dos conhecimentos fortuitos, por se considerar que não se verificam salvaguardados minimamente os direitos afectados directa e indirectamente do cidadão arguido ou suspeito ou intermediário da prática de um crime do catálogo;

- por outro, no concerne aos crimes que servem de *actividade* ou *finalidade* ao crime catálogo – *associação criminosa* ou *terrorismo* – que legitimou a escuta e que não se confirma, defendemos que esses conhecimentos devem ser valorados, por pertencerem ao processo histórico que deu corpo ao delito que legitimou a intercepção, desde que se verifiquem os quesitos da *indispensabilidade* ou necessidade desses conhecimentos para esclarecimento do um delito, desde que seja também ele um *crime do catálogo*, desde que, para a sua investigação, se pudesse verificar a *probabilidade qualificada* de recurso à escuta telefónica segundo os pressupostos do n.º 1 do art. 187.º do CPP, e desde que tivesse havido comunicação imediata ao MP e deste ao Juiz;

- e, por último, defendemos como princípio a proibição de valoração de conhecimentos fortuitos de crimes não contidos no catálogo do art. 187.º do CPP[270].

---

*descubrimientos ocasionales* a jurisprudência espanhola impõe que os OPC comuniquem de imediato a aquisição do conhecimento fortuito sob pena de ingerência ilegítima e, como tal, geradora de proibição de prova. Quanto a este assunto o nosso *Conhecimentos Fortuitos...*, pp. 109-110.

[270] *Hoc sensu* GERMANO MARQUES DA SILVA, *Curso de Processo Penal...*, Vol. II, p. 205.

*Escutas Telefónicas – da excepcionalidade à vulgaridade*  127

Refira-se que esta posição que assumimos para os *conhecimentos fortuitos – Zufallsfunde –* obtidos através de uma escuta telefónica lícita mantém-se quanto aos conhecimentos fortuitos obtidos através de conversações ou comunicações por qualquer meio técnico diferente do telefone, como correio electrónico, via telemática, registo de voz (*off*) e imagem, assim como na apreensão de correspondência e no recurso ao agente infiltrado e à localização celular.

## 17. Proposta de Alteração do Código de Processo Penal de 2004[271]

**I.** Certos processos mediáticos pela censurabilidade quer social – da qual se destaca a comunicação social – quer jurídico-criminalmente, tendo em conta a natureza das vítimas, impulsionaram os decisores políticos a apresentarem um Proposta de Alteração do Código de Processo Penal[272], sendo as escutas telefónicas uma das questiúnculas mais fervorosamente atacadas.

Da consulta realizada à proposta de alteração destacamos dois pontos a analisar: por um lado, a exposição de motivos e, por outro, as alterações propostas para os artigos 11.º, 12.º, 187, 188.º e 190.º do CPP.

Quanto ao primeiro ponto, gostaríamos de realçar que a ideia base das alterações propostas se destinavam a uma maior restrição do recurso às escutas telefónicas como meio de obtenção de prova, reforçando-se formalmente a vertente da *excepcionalidade* pela delimitação rigorosa da admissibilidade, cuja ponderação exigente e vinculada de bens jurídicos capazes de orientar o intérprete e o aplicador devia ser obra do legislador[273].

---

[271] Mantemos este ponto por razões histórico-políticas da evolução do direito a constituir.

[272] Que pode ser consultada em *www.mj.gov.pt*.

[273] Veja-se ponto 5 da exposição de motivos.

**II.** Partindo do sentido de que a escuta provocar uma danosidade social elevada quanto às pessoas a escutar ou que são escutas, cuja privacidade é devassada, foi proposto um novo n.º 2 do artigo 187.º que delimitava normativamente o universo de pessoas ou ligações telefónicas passíveis de ser escutadas telefonicamente: «A intercepção e a gravação de conversações ou comunicações telefónicas só podem ser ordenadas ou autorizadas relativamente a suspeitos ou a pessoas em relação às quais seja possível admitir, com base em factos determinados, que recebem ou transmitem comunicações provenientes dos suspeitos ou a eles destinadas, ou que os suspeitos utilizam os seus telefones».

Atribuiu-se a competência às Secções Criminais do *Supremo Tribunal de Justiça* para autorizar e ordenar intercepção e gravação de conversações e comunicações feitas pelo Presidente da República, pelo Presidente da Assembleia da República ou pelo Primeiro-Ministro, conforme proposta de aditamento da al. *h)* do n.º 3 do art. 11.º – «3 – Compete às secções criminais do Supremo Tribunal de Justiça, em matéria penal: h) Ordenar ou autorizar a intercepção, gravação ou registo de conversações ou comunicações, nos termos dos artigos 187.º e 190.º, quando efectuadas pelo Presidente da República, pelo Presidente da Assembleia da República ou pelo Primeiro-Ministro»[274] –, assim como às Secções Criminais das *Relações* competência para ordenar ou autorizar a intercepção, gravação ou registo de conversações ou comunicações efectuadas por titulares de órgãos de soberania, salvo os referidos na alínea *a)* do n.º 2 – juízes de direito, procuradores da República e procuradores adjuntos – e no artigo 11.º, conforme proposta de aditamento de uma nova al. *c)* ao n.º 3 do art. 12.º do CPP.

---

[274] Solução adoptada pela reforma de 2007, operada ela Lei n.º 48/2007, de 29 de Agosto. Cfr. al. *b*) do n.º 2 do 11.º do CPP, ao atribuir competência ao Presidente do STJ para «autorizar a intercepção, a gravação e a transcrição de conversações ou comunicações em que intervenham o Presidente da República, o Presidente da Assembleia da República ou o Primeiro-Ministro e determinar a respectiva destruição, nos termos dos artigos 187.º a 190.º».

*Escutas Telefónicas – da excepcionalidade à vulgaridade*     129

A proposta trazia para o plano normativo – aditamento de um novo n.º 3[275] ao art. 187.º do CPP –, por razões de um melhor controle e fiscalização por parte da AJ, a fixação de um prazo limite máximo de três meses para a realização das escutas, prorrogáveis por igual período desde que se mantenham os respectivos pressupostos de admissibilidade. Neste novo n.º 3, também se prescrevia que o despacho do juiz que autorizava ou ordenava a escuta devia ser fundamentado. Pois, consideramos desnecessária tal imposição normativa por já se encontrar consagrado no art. 97.º do CPP, mas que vingou como se depreende do actual n.º 1 do art. 187.º do CPP.

No âmbito dos **crimes catálogo** aditava-se duas novas alíneas com **os crimes contra a liberdade e autodeterminação sexual** – al. *b)* – e **contra a protecção devida aos menores** – al. *c)* –, de modo que se pudesse interceptar e gravar conversações ou comunicações telefónicas independentemente da moldura abstracta em causa nos diversos tipos penais. Estas duas alíneas estão datadas ao fenómeno que vivemos nos últimos dois anos relativamente ao Processo da Casa Pia e dos Açores. Face a esta alteração passavam a poder ser investigados através de escuta telefónica os crimes p. e p. pelos artigos 163.º, n.º 2, 164, n.º 2, 167.º, 171.º, 172.º, n.º 3, 173.º, n.ºˢ 2 e 3, 174.º, 175.º, 249.º e 250.º do CP, por a sua moldura penal ser inferior a 3 anos de pena de prisão.

Ao n.º 1 do art. 188.º do CPP[276] pretendia-se substituir o advérbio de modo «imediatamente» como norma impositiva para fis-

---

[275] «3 – O *despacho* que ordena ou autoriza a intercepção e a gravação de conversações ou comunicações telefónicas é *fundamentado* e fixa o prazo máximo da sua *duração*, por um período não superior a *três meses*, sendo renovável por períodos idênticos desde que se mantenham os respectivos pressupostos de admissibilidade». Itálico nosso.

[276] «1 – Da intercepção e gravação a que se refere o artigo anterior é lavrado auto, o qual, junto com as fitas gravadas ou elementos análogos, é *no prazo de cinco dias* levado ao conhecimento do Ministério Público que tiver promovido as operações e do juiz que as tiver ordenado ou autorizado, com a indicação das passagens das gravações ou elementos análogos considerados relevantes para a prova». Itálico nosso.

calização e controlo[277] por aposição de um prazo de cinco dias para que os OPC levasse ao conhecimento do juiz competente o auto de intercepção e gravação de conversações telefónicas e as fitas gravadas ou elementos análogos. Pensamos que o advérbio de modo seria o mais ajustado ao caso concreto, contudo, face aos atropelos aos direitos e liberdades fundamentais, o legislador sentia necessidade de delimitar o prazo máximo que os OPC tinham após o fim das escutas, pelo que impôs que o OPC tem de dar conhecimento dos suportes técnicos, do auto e do relatório de 15 em 15 dias ao MP e este tem 48 horas para entregar tal documentação ao juiz que autorizou a diligência.

Para uma melhor transparência da justiça e da credibilidade das provas descritas nos autos de transcrição, afastava-se o princípio da destruição de elementos desnecessários e inúteis à produção da prova para se valorar o princípio e direito de recurso aos tribunais[278] e, consequentemente, da descoberta da verdade e da igualdade de armas entre a acusação e a defesa no domínio do acesso e interpretação da prova e, ainda, de fiscalização por parte do arguido e do assistente do que fora escutado e gravado e da sua contextualização, conforme se retira do novo n.º 7 a aditar ao art. 188.º: «Sem prejuízo do disposto nos artigos 86.º e 89.º, o arguido e o assistente, bem como as pessoas cujas conversações tiverem sido escutadas, podem requerer ao juiz que ordene a transcrição de elementos não transcritos, especificando os factos relevantes para a prova que considerem omitidos ou descontextualizados no auto a que se refere o n.º 3».

O n.º 3 do art. 188.º do CPP sofria uma divisão, originando um n.º 3 – «Se o juiz, ouvido o Ministério Público, considerar os elemen-

---

[277] Como se retira da exposição de motivos: "Com estas soluções, *reforça-se o controlo do juiz* relativamente aos elementos recolhidos através das operações autorizadas ou ordenadas, por forma a que *este possa decidir atempadamente sobre a sua relevância para a prova* e consequente transcrição e junção ao processo, bem como sobre a *manutenção ou não da realização das referidas operações*". Itálico nosso.

[278] Ideia que não vingou conforme se retira do n.º 6 do art. 188.º do CPP.

*Escutas Telefónicas – da excepcionalidade à vulgaridade*  131

tos recolhidos, ou alguns deles, relevantes para a prova, ordena a sua transcrição em auto e fá-lo juntar ao processo» – e um n.º 6 – «Os elementos recolhidos que não forem transcritos em auto ficam na exclusiva disponibilidade do juiz, sendo destruídos com o trânsito em julgado da decisão final, ficando todos os participantes nas operações ligados por dever de segredo relativamente àquilo de que tiverem tomado conhecimento».

Propunha-se, ainda, a adaptação da norma constante do artigo 190.º à futura aprovação do regime próprio de obtenção de prova digital electrónica, ficando clara a natureza de norma geral do artigo 190.º do Código de Processo Penal face às normas especiais que regulariam aquela matéria, permitindo, desta feita, «uma correcta interpretação e coordenação das várias peças do sistema»[279]. Contudo, consideramos desnecessário alterar o art. 190.º do CPP que por si só já abrange o teor a alcançar com as alterações. O conteúdo do art. 190.º passou para o art. 189.º que introduziu novas extensibilidades do regime das escutas telefónicas, inclusiva da localização celular e o registo das comunicações e conversões.

---

[279] Cfr. al. *f)* do ponto 5 da Exposição de motivos.

CAPÍTULO IV

# COLISÃO DE PRINCÍPIOS
# E DE DIREITOS FUNDAMENTAIS

## 18. Considerações gerais

O gozo e exercício de direitos e liberdades fundamentais obriga-nos a trazer à colação a colisão entre princípios, entre estes e os direitos e, mesmo dentro deste, uma colisão que nos impõe a racionalidade de decidir qual tem prevalência.

Os princípios prevalecem sobre os direitos, pois o âmago destes emerge do sentido profundo e indestrutível daqueles. Na colisão entre direitos, prevalecem os de maior dignidade constitucional, *prima facie*, os naturais ou inatos ao *ius cogens*, promovendo a finalidade da «concordância prática» do processo penal.

Nenhuma prevalência, em caso algum, pode aniquilar o sentido e alcance do outro direito e, nunca, nenhuma prevalência pode afectar o valor onto-axiológico da dignidade da pessoa humana, princípio pilar da estrutura do Estado de direito democrático e força centrífuga pluridimencional e centrodimencional de todos os princípios e direitos, liberdades e garantias dos cidadãos.

## 19. Princípios do art.º 18.º CRP

**I.** O princípio Kantiano «age sempre de tal modo que a máxima do teu agir possa por ti ser querida como lei universal» deve ser visto como um "princípio geral e supremo da moral no qual está contido o princípio da justiça"[280]. A lei fundamental deve consagrar normas programáticas e perceptíveis capazes de se apresentarem aos seus destinatários como um agir universal e como uma referência no sentir da colectividade política.

Ao consagrar que «Portugal é uma República soberana, baseada na dignidade da pessoa humana...»[281], a Constituição vincula todo e qualquer cidadão a respeitar o outro como pessoa humana dotada de dignidade, princípio directamente aplicável quer a entes públicos quer a entes privados[282].

A aplicabilidade directa e a vinculação constitucional daqueles quanto aos direitos, liberdades e garantias – *ex vi* do n.º 1 do art.º 18.º da CRP – implica que bens jurídicos fundamentais ao desenvolvimento do homem em comunidade e, somente, expressivos em uma sociedade organizada politicamente sob a égide da liberdade como princípio de justiça e de realização do homem como seu membro activo, sejam consagrados no próprio texto constitucional: a vida (art.º 24.º da CRP); a integridade pessoal – moral e física – (art.º 25.º ); a intimidade da vida privada, e familiar, a honra – bom nome e reputação –, identidade pessoal, a palavra, a imagem – (art.º 26.º n.º 1 e 2); a dignidade pessoal e a identidade genética – (art.º 26.º, n.º 3 da CRP); a liberdade e segurança – (art.º 27.º a 33.º da CRP); a inviolabilidade do domicílio e da correspondência – (art.º 34.º da CRP); a família – (art.º 36.º da CRP); a liberdade de expressão – (art.º 37.º da CRP), (etc.).

Todo o cidadão tem, por um lado, o dever de não ferir ou beliscar aqueles bens jurídicos pertencentes à esfera jurídica de outrém e, por outro lado, aqueles que detêm a missão de prevenir e garantir a efectividade contínua do gozo e exercício desses bens jurídicos encontram-se duplamente vinculados ao respeito e promoção, não os beliscando com a sua função ou protegendo-os quando um intruso os tente ofender, e, ainda, releva a ideia de que podem ser bens jurídicos a restringir – tais como a reserva da intimidade de vida privada e fami-

---

[280] Cfr. H. KELSEN, *Direito Natural,* Almedina, 2002, p. 56.
[281] Cfr. art. 1.º da CRP.
[282] Cfr. n.º 1 do art. 18.º da CRP.

Escutas Telefónicas – da excepcionalidade à vulgaridade      135

liar, a inviolabilidade das telecomunicações, a palavra – aos que por meio dos seus actos criminosos ofendam a vida, a integridade das pessoas, o ordem e paz públicas, ou seja, "violam valores constitucionais" de relevância e tutela jurídico-penal.

**II.** As normas constitucionais, que consagram bens jurídicos merecedores de uma tutela jurídica reforçada – recurso ao direito penal substantivo e adjectivo –, relevam de sobremaneira quando ofendidos por actos investigatórios promovidos por serviços e órgãos do Estado vinculados ao direito.

A consagração desses bens jurídicos tem uma triplica consequência no mundo democrático: por um lado e como já referimos, o respeito dos seus titulares e o exercício por parte destes vincula todo e qualquer cidadão – n.º 1 do art.º 18.º da CRP; por outro lado, as instâncias de controlo estão vinculadas não só a respeitarem, mas também a defendê-los e a promovê-los – n.º 1 do art.º 18.º, 27.º, 28.º, 32.º, 272.º, da CRP; e, por último, admite-se que esses mesmos bens jurídicos, exceptuando-se a *vida*, a *integridade pessoal* e outros *direitos da personalidade* – nome, imagem. honra, (etc.) –, podem adequada e exigivelmente ser restringidos, como se depreende do n.º 2 do art.º 18.º, do art.º 19.º, do n.º 4 do art.º 26.º, do n.º 3 do art.º 27.º, do art.º 28.º, dos n.ºˢ 3 e 4 do art.º 34.º, tendo-se em conta o n.º 4 do art. 32.º, todos da CRP[283].

**III.** O art.º 18.º, n.º 2 da CRP prescreve o regime da restrição de direitos, cuja legitimidade constitucional depende de *quatro pressupostos materiais* e de *três requisitos quanto ao carácter da própria lei*[284]. Quanto aos pressupostos materiais, que devem verificar-se cumulativamente, são de referir:

---

[283] Por limitação de tempo apenas abordaremos estas restrições específicas que colidem com os bens jurídicos mais conexantes com a dignidade de pessoa humana.

[284] Cfr. G. CANOTILHO e VITAL MOREIRA, *Constituição da República Portuguesa...*, 3.ª Edição, pp. 148/149; e os nossos estudos "A Publicidade da Matéria de Facto", *in Direito e Justiça – RFDUCP*, Vol. XV, Tomo 1, 2001, pp. 207 e ss. e *Da Publicação da Matéria de Facto nos Processo Disciplinares*, Edição do ISCPSI, Lisboa, 2000, pp. 55 e ss..

**i. a restrição deve estar expressamente prevista na Constituição** (1ª parte do n.º 2) – que preconiza que "toda restrição tem de estar expressamente credenciada no texto constitucional, tornando-se necessário que a admissibilidade da restrição encontre nele expressão suficiente e adequada (parecendo de admitir, porém que a previsão não necessita de ser directa para ser expressa)"[285]. Salientamos que, em muitos casos, é "a própria Lei Fundamental que prevê directamente certa e determinada restrição, cometendo à lei a sua concretização e delimitação", como acontece com o n.º 3 do art. 27.º e os n.º s 2 e 4 do art. 34.º da CRP, ou seja, a "lei limita-se a declarar a restrição prevista na Constituição"; outros casos há em que a Constituição apenas admite "restrições não especificadas", como acontece com o n.º 1 do art. 35.º, o n.º 1 do art. 47.º, n.º 1 do art. 49.º e o n.º 1 do art. 270.º da CRP, em que "a lei cria a restrição admitida pela Constituição"[286]. JORGE MIRANDA defende que estamos perante o princípio da tipicidade das restrições autónomas dos direitos, liberdades e garantais. As restrições podem "deixar de fundar-se em preceitos ou princípios constitucionais, mas indubitavelmente qualquer restrição tem de ser consentida, explicitamente ou implicitamente, pela Constituição"[287]. No âmbito das escutas telefónicas, a Constituição admite que a inviolabilidade das telecomunicações seja restringida nos «casos previstos na lei em matéria de processo criminal», *ex vi in fine* do n.º 4 do art. 34.º da CRP.

**ii. a restrição deve salvaguardar outros direitos ou interesses constitucionalmente protegidos** (*in fine* do n.º 2) – significa que a restrição de direitos fundamentais não pode

---

[285] Cfr. GOMES CANOTILHO e VITAL MOREIRA, *Constituição da República...*, 3.ª Edição, p. 151 e ss..

[286] *Ibidem.*

[287] Cfr. JORGE MIRANDA, "O Regime dos Direitos, Liberdades e Garantias", *in Estudos Sobre a Constituição*, Livraria Petrony, Lisboa, 1979, 3.º Vol., p. 81 e *Manual de Direito Constitucional,* (2.ª Edição), Tomo IV, p. 305.

Escutas Telefónicas – da excepcionalidade à vulgaridade    137

ser desmotivada, de forma gratuita e arbitrária, sendo necessário que esse direito ou interesse que se invoca tenha uma adequada e suficiente expressão constitucional, como acontece com os interesses de segurança interna (art. 272.º) e de defesa nacional (art. 273.º)[288]. O pressuposto em análise, que só ficou "constitucionalmente explicitado na revisão constitucional de 1982", veda "ao legislador a possibilidade de justificar a restrição de direitos, liberdades e garantias por eventual colisão com outros direitos ou bens tutelados apenas a nível infraconstitucional", devendo o interesse a salvaguardar ter "no texto constitucional suficiente e adequada expressão"[289] que justifique essa restrição. A Defesa e Protecção dos Direitos Fundamentais das Pessoas e, consequentemente, a descoberta da verdade para a realização da justiça e promoção da paz jurídica individual e comunitária são valores e interesses de relevância constitucional merecedores da restrição de direitos no âmbito das escutas telefónicas.

iii. **o dever de limitar-se ao estritamente necessário e mostrar-se apta para o efeito** (2.ª parte do n.º 2) – consiste no princípio da **proporcionalidade ou princípio da proibição do excesso**, que tem como corolários: o **princípio da adequação**, isto é, as medidas restritivas legalmente previstas devem revelar-se como meio adequado para a prossecução dos fins visados pela lei, salvaguardando-se outros direitos ou bens constitucionalmente protegidos; o **princípio da exigibilidade**, ou seja, as medidas restritivas previstas na lei devem revelar-se necessárias, melhor, ser exigíveis na medida em que essas medidas nunca devem transpor as exigências (*a fortiori* art. 29.º, n.º 2 da DUDH), porque são o meio mais eficaz e menos oneroso para os restantes direitos, liberdades e garantias; e **o princípio da proporcionalidade em**

---

[288] *Hoc sensu* GOMES CANOTILHO e VITAL MOREIRA, *Constituição da República...*, 3.ª Edição, p. 151.
[289] *Ibidem*.

**sentido restrito**, em que os meios legais restritivos e os fins obtidos situam-se numa justa e proporcionada medida, impedindo-se a adopção de medidas legais – formais e materiais – restritivas desproporcionadas, excessivas, em relação aos fins obtidos[290]. O art. 18.º da CEDH e o art. 30.º da Convenção Interamericana estipulam que as restrições devem ater-se aos fins em nome dos quais são estabelecidas ou permitidas, devendo as mesmas apenas ser adoptadas se esses fins não puderem ser alcançados por meio de medidas menos gravosas[291]. Como pressuposto de legalidade na autorização ou ordem judicial para a realização de intercepção e gravação de conversações e comunicações, se impõe que aquela se revele de «grande interesse para a descoberta da verdade ou para a prova», *in fine* do n.º 1 do art. 187.º do CPP.

iv. **não pode aniquilar o direito em causa com a diminuição da extensão e do alcance essencial do conteúdo do respectivo preceito** (*in fine* do n.º 3) – um dos problemas que este pressuposto levanta é o de se "saber qual é o objecto de protecção da norma, ou seja, se esta protege o conteúdo essencial da garantia geral e abstracta ou antes o conteúdo essencial da posição jurídica e individual de cada cidadão". Desta feita, devemos considerar "os direitos fundamentais como bens jurídicos"[292]. Outra questão, de acordo com GOMES CANOTILHO e VITAL MOREIRA, é a de "saber se o conteúdo essencial é uma realidade de **natureza absoluta** (conteúdo com substancialidade própria, delimitável e independente de quaisquer colisão de direitos) ou de **natureza**

---

[290] *Hoc sensu* GOMES CANOTILHO e VITAL MOREIRA, *Constituição da República...*, 3.ª Edição, p. 153 e J. MIRANDA, *"O Regime dos Direitos", in Estudos Sobre a Constituição*, 3.º Vol., p. 82 e *Manual de Direito Constitucional*, (2ª Edição), Tomo IV, p. 307.

[291] Cfr. J. MIRANDA, *Manual de Direito Constitucional*, (2.ª Edição), Tomo IV, p. 307.

[292] Cfr. GOMES CANOTILHO e VITAL MOREIRA, *Constituição da República...*, 3.ª Edição, p. 153 e J. MIRANDA, *Manual de Direito Constitucional*, 3.º Vol., p. 82.

# Escutas Telefónicas – da excepcionalidade à vulgaridade

**relativa** (cujo conteúdo se deve conhecer apenas em cada caso concreto, exigindo desta forma uma análise ponderada dos bens ou interesses em colisão)"[293]. O conteúdo essencial de qualquer direito apenas pode ser equacionada quando existe uma colisão com outro direito. Contudo, jamais qualquer solução do confronto de direitos poderá conduzir à aniquilação de outro direito fundamental. Apesar de ser um trabalho árduo e melindroso estabelecer o que seja «conteúdo essencial» dos preceitos constitucionais, como nos ensina JORGE MIRANDA, aquele tem de "funcionar como barreira última e efectiva contra o abuso do poder, como barreira que o legislador (...) não deve romper, ou seja, o *conteúdo essencial* tem de ser entendido como um limite absoluto correspondente à finalidade ou ao valor que justifica o direito"[294]. Este ilustre mestre afirma que devemos rejeitar pura e simplesmente as "teses relativistas, porque confundem proporcionalidade (art. 18.º, n.º 2) e conteúdo essencial (art5. 18.º, n.º 3)"[295]. Embora considerem o conteúdo essencial como uma garantia da *baliza última dos direitos, liberdades e garantias*, G. CANOTILHO e V. MOREIRA defendem o recurso **a uma teoria mista**, ou seja, recorre-se à **natureza relativa** do conteúdo essencial, uma vez que a "própria delimitação do núcleo essencial dos direitos, liberdades e garantias tem de articular-se com a necessidade de protecção de outros bens ou direitos constitucionalmente garantidos", e à **natureza absoluta** para que não ocorra "uma aniquilação do núcleo essencial, devendo existir um resto substancial de direito, liberdade e garantia, que assegure a sua utilidade constitucional"[296]. O conteúdo essencial do direito à reserva

---

[293] *Ibidem*.

[294] Cfr. J. MIRANDA, *Manual de Direito Constitucional*, 2.ª Edição, Tomo IV, pp. 307 e 308. Itálico nosso.

[295] Cfr. J. MIRANDA, *Manual de Direito Constitucional*, 2.ª Edição, Tomo IV, p. 308.

[296] Cfr. G. CANOTILHO e V. MOREIRA, *Constituição da República...*, 3.ª Edição, p. 154.

da intimidade da vida privada não pode ser aniquilado ou nidificado com o recurso à escuta telefónica sob pena de inutilização da prova por ser proibida.

Relativamente aos requisitos – o carácter geral e abstracto da Lei, o efeito não retroactivo da Lei e Lei da Assembleia da República ou decreto-lei com autorização – há a referir que não revelam no plano da operatividade dos normativos a menos que sobressaiam no contexto da fiscalização da constitucionalidade da norma.

## 20. Direito fundamentais afectados

### i. directamente:

**a)** *reserva da intimidade da vida privada e familiar*

**I.** A intercepção e gravação de conversações e comunicações afecta, *ab initio*, direitos fundamentais da pessoa. De todos, o que mais se realça, pela sua natureza imbricada na própria essência do ser e do dever-ser humano, é, indiscutivelmente, o direito à reserva da intimidade da vida privada e familiar[297] – consagrado no n.º 1 do art. 26.º da CRP –, cuja projecção se espelha como corolário do princípio da dignidade da pessoa humana.

O direito à reserva da intimidade da vida privada e familiar, como direito da personalidade, originário, essencial e inerente a todo o cidadão, imprescritível, extrapatrimonial, irrenunciável e de força «erga omnes»[298], como se verá de seguida, é um direito de tutela supracons-

---

[297] Quanto à intimidade pessoal, "como uma zona espiritual íntima e reservada de uma pessoa ou de um grupo, especialmente a família", ANTONIO NICOLÁS MARCHAL ESCALONA, "Videovigilancia e Intimidad", *in Revista de Documentación* – Ministerio del Interior, n.º 20, Janeiro-Abril, 1999, pp. 12 e ss. Realce-se que, com FARIA COSTA, "uma ilegítima escuta telefónica é um violação inequívoca da privacidade". Cfr. JOSÉ DE FARIA COSTA, *Direito Penal da Comunicação...*, p. 157.

[298] *Idem*, p. 15.

*Escutas Telefónicas – da excepcionalidade à vulgaridade*   141

titucional – DUDH, CEDH, PIDCP, CDFUE – e de tutela infra-constitucional – CCiv., CP e CPP, direito disciplinar ou administrativo penal – que cumprem o comando constitucional do n.º 2 do art. 26.º da CRP, *i. e.*, constituem as «garantias efectivas contra a utilização abusiva, ou contrária à dignidade humana, de informações relativas às pessoas e famílias». No que concerne à utilização de informações relativas às pessoas e às suas famílias, a proibição engloba as que são «abusivas» – não autorizadas – e as contrárias à *dignidade humana*[299].

**II.** Do direito da reserva da intimidade da vida privada e familiar, como nos ensinam GOMES CANOTILHO e VITAL MOREIRA[300], afe-rem-se dois direitos menores: por um lado, o direito de qualquer cida-dão impedir que estranhos acedam a informações relativas à sua vida privada e familiar; por outro, o direito de qualquer cidadão a que não sejam, por ninguém, divulgadas as informações relativas à sua vida privada e familiar[301].

Os sofisticados meios técnicos e mecânicos dos nossos dias, propensos à total devassa da vida privada e familiar dos cidadãos, impeliram o legislador constituinte na efectivação dos direitos e liber-dades fundamentais – art. 2.º –, consagrando direitos fundamentais que funcionam como suas garantias – a inviolabilidade de domicílio e da correspondência *lato sensu* [art. 34.º ] e a proibição de tratamen-to informático de dados referentes à vida privada [art. 35.º, n.º 3], assim como, no plano civil, criando instrumentos jurídicos – sigilo pro-fissional e o dever de reserva das cartas confidenciais e demais papeis pessoais [artigos 75.º a 78.º do CCiv.].

---

[299] *Hoc sensu* J. J. GOMES CANOTILHO e VITAL MOREIRA, *Constituição da República Portuguesa Anotada*, 3.ª Edição, Coimbra Editora, Coimbra, 1993, p. 182. Há a referir que a VI Revisão Constitucional introduz ao n.º 2 do art. 26.º da CRP a expressão «a obtenção» entre «garantias efectivas contra» e «a utiliza-ção abusiva».

[300] Cfr. J. J. GOMES CANOTILHO e VITAL MOREIRA, *Constituição da Repú-blica...*, 3.ª Edição, p. 181.

[301] Cfr. art. 80.º do CCiv..

Imbricada com este direito está a problemática de se saber que âmbito está totalmente protegido, ou seja, qual o conteúdo inacessível ou que deve ser intocável. Pois, a doutrina considera que existe uma distinção entre a esfera de absoluta protecção – *esfera pessoal íntima* – e a de protecção relativa – *esfera privada simples* – que pode ceder em benefício de outro interesse ou bem público nos casos de conflito[302].

No caso em estudo, consideramos que a única esfera possível de cedência é a privada simples e jamais a pessoal íntima, sentido materializado pelo CPP, ao proibir as escutas entre o advogado e o arguido e a extensão deste direito e garantia das conversações e comunicações entre o arguido e o seu médico, o sacerdote ou mentor religioso e, no nosso entender e mais profundo, a mulher e filhos.

### b) *inviolabilidade das telecomunicações*

**I.** O direito à inviolabilidade das telecomunicações é, por um lado, uma garantia do direito à reserva da intimidade da vida privada e familiar e, por outro, uma garantia do direito à inviolabilidade do sigilo do conteúdo das conversações e comunicações e do "«tráfego» como tal (espécie, hora, duração, intensidade de utilização)"[303].

Do exposto e tendo em conta a nossa investigação académica, **só no patamar criminal** – *in fine* do n.º 4 do art. 34.º da CRP – **se pode vislumbrar ingerência nas telecomunicações**, cuja previsão normativa se encontra sob reserva de lei – art. 18.º, n.º s 2 e 3 – e sob reserva de autorização judicial – art. 32.º, n.º 4 da CRP.

Relevante é a Constituição não abrir uma excepção idêntica à do direito à inviolabilidade de domicílio – excepção mais abrangente com a Revisão Constitucional operada pela Lei Constitucional n.º 1/2001, de 13 de Dezembro – protegendo o conteúdo ou núcleo essencial da intimidade da pessoa, sentido materializado nos artigos 187.º a 190.º

---

[302] Cfr. J. J. GOMES CANOTILHO e VITAL MOREIRA, *Constituição da República...*, 3.ª Edição, p. 181.

[303] *Idem*, p. 213.

## Escutas Telefónicas – da excepcionalidade à vulgaridade · 143

do CPP ao não criar ou permitir que os OPC actuem, em certos casos tipificados constitucional e processualmente, sem autorização do Juiz, como acontece nas buscas domiciliárias e nas revistas e revistas como medida cautelar e de polícia.

Na realização de escutas, formalmente, não se sobrepõe o interesse público comum segurança, ou, nas palavras de GOMES CANOTILHO e VITAL MOREIRA[304], não se verificam «relações especiais de poder», excepto na relação do Estado com os presos, como se retira da 2.ª parte do n.º 5 do art. 30.º da CRP.

**II.** O direito ao sigilo das telecomunicações – conversações e comunicações – infere a obrigatoriedade de ninguém as violar ou as devassar e de ninguém – aqueles que tenham acesso – as divulgar. O dever de segredo encontra-se expresso no n.º 3 do art. 188.º do CPP, não deixando qualquer dúvida quanto aos deveres *ex officio* dos que têm acesso às conversas e comunicações entre o suspeito e co-suspeitos ou outrem, cuja violação consigna responsabilidade civil, disciplinar e criminal.

A garantia constitucional do sigilo das telecomunicações efectiva-se com a proibição de toda e qualquer *ingerência* nas telecomunicações desde a interferência, intercepção, gravação, detenção, envio e recepção das conversas e comunicações[305].

Outro ponto a relevar é o facto da Constituição se dirigir às «autoridades públicas» e não aos entes privados. Todavia, partilhamos da posição indiscutível de GOMES CANOTILHO e VITAL MOREIRA, quando afirmam que "a proibição de ingerência vale por maioria de razão para as entidades privadas"[306], além de que os princípios respeitantes aos direitos, liberdades e garantias fundamentais vinculam as entidades privadas – *in fine* do n.º 1 do art. 18.º da CRP.

---

[304] *Ibidem.*

[305] *Hoc sensu* J. J. GOMES CANOTILHO e VITAL MOREIRA, *Constituição da República...,* 3.ª Edição, p. 214.

[306] *Ibidem.*

## c) *inviolabilidade de outras comunicações*

A inviolabilidade da correspondência electrónica ou realizada por outro meio de comunicação que não o telefone, ganha relevância constitucional com a Revisão Constitucional operada pela Lei Constitucional n.º 1/97, de 20 de Setembro.

O regime da intercepção e gravação de conversas e comunicações é extensivo «às conversações e comunicações efectuadas por meio técnico diferente do telefone, designadamente correio electrónico ou outras formas de transmissão de dados por via telemática, bem como à intercepção das comunicações presentes» – art. 190.º do CPP.

O regime constitucional da inviolabilidade das telecomunicações aplica-se, sem excepção, aos demais meios de comunicação.

## d) *direito à palavra*

**I.** O direito à palavra foi elevado, pela RC/89, "à constelação dos direitos fundamentais, como tal erigido em autónomo bem jurídico"[307]. Como direito fundamental autónomo encontra-se no meridiano idêntico ao da imagem e consigna a proibição de gravação sem o consentimento do titular do direito ou "de qualquer deformação ou utilização abusiva (através da montagem, manipulação e inserção das palavras em contextos radicalmente diversos etc.), das palavras de uma pessoa"[308].

O direito à palavra abarca dois direitos: por um lado, o *direito à voz* – "atributo de personalidade" –, cujo registo e divulgação sem o consentimento do próprio consigna conduta ilícita punível civil, criminal e disciplinarmente; por outro, o *direito às «palavras ditas»* – como garante da "autenticidade e o rigor da reprodução dos termos, expressões, metáforas escritas e ditas por uma pessoa"[309].

---

[307] Cfr. MANUEL DA COSTA ANDRADE, *Sobre as Proibições de Prova...*, p. 189. Quanto à tutela do direito à *palavra falada* no âmbito do registo de voz (*off*) e imagem, M. FERREIRA MONTE, "O Registo de Voz e Imagem...", in *Medidas de Combate...*, pp. 80-83.

[308] Cfr. J. J. GOMES CANOTILHO e VITAL MOREIRA, *Constituição da República...*, 3.ª Edição., p. 181 (e 4.ª Ed. Vol. I, p. 543).

[309] *Ibidem.*

Escutas Telefónicas – da excepcionalidade à vulgaridade | 145

**II.** Os direitos da personalidade – *maxime* da palavra – como ensina GÖSSEL, "valem directamente como protecção face às agressões do Estado e a valoração de factos, à custa do sacrifício do direito, repetiria e agravaria a lesão já consumada"[310].

A palavra assume, como afirma COSTA ANDRADE, uma "inequívoca relevância comunitária e institucional", cuja tutela ganha uma "dimensão objectiva" para que se preserve "«uma acção comunicativa», inocente e autêntica, à margem de alienação e coerção, como condição de *confiança nas relações sociais*"[311].

Caso não houvesse tutela jurídico penal, andar-se-ia a deturpar a autenticidade e a inocência da espontaneidade e da livre formação e livre expressão da palavra como direito axiologicamente protector do indivíduo e do interesse da comunidade[312]. Pois, a intercepção, escuta e gravação das conversações e comunicações não consentidas acabam "por consumar a lesão irreparável do direito à *palavra falada*"[313].

### ii. indirectamente ou a *posteriori*:

### a) *honra: bom nome e reputação*

A honra – reputação e bom nome –, como direito fundamental, não é afectado de forma directa com a realização das escutas telefónicas. Contudo, a dimensão da *danosidade social*, de que nos fala e bem COSTA ANDRADE, não se esgota no plano imediato da intercepção e da gravação de conversações e comunicações, pois, como a imprensa nos mostrou no passado recente, a divulgação de trechos das escutas podem violar o direito fundamental honra, cuja tutela se

---

[310] *Apud* MANUEL DA COSTA ANDRADE, *Sobre as Proibições de Prova...*, p. 47.

[311] *Idem*, p. 70.

[312] Quanto a este assunto, MANUEL DA COSTA ANDRADE, *Sobre as Proibições de Prova...*, pp. 70 e 71.

[313] *Idem*, p. 284. Quanto ao direito *à palavra falada* e *à confidencialidade da palavra falada*, afectados directamente pela violação das comunicações, GOMES GANOTILHO e VITAL MOREIRA, *Constituição da República...*, 4.ª Edição, Vol. I, p. 543.

146       *Manuel Monteiro Guedes Valente*

estende ao direito penal, ao lado da infracção ao dever de segredo imposto quer *ex officio* quer pelo n.º 3 do art. 188.º do CPP.

O direito ao bom nome e à reputação – honra – preconiza a não ofensa ou lesão da honra, da dignidade ou consideração social através de imputações feitas por outrem e, neste sentido, constitui um limite imanente e inerente aos direitos de liberdade de expressão e de liberdade de imprensa[314].

O perigo de dados e conversas tidas entre suspeitos e não suspeitos serem divulgados pela imprensa, cuja fonte advém de quem tem acesso ao conteúdo da diligência, é de extrema actualidade, cujos danos morais e materiais são incalculáveis, quando dirigidos intencionalmente contra *A* ou *B*, que nem são arguidos no processo. Mais do que a violação do segredo de justiça, defendemos que aqueles que interceptam e gravam e transcrevem e lêem as conversas e comunicações devem estar dotados de uma formação moral e ética muito sólida para não cederem à tentação de fazer justiça na praça pública ou para não se deixarem corromper.

### b) *Imagem*

O direito à imagem, direito da personalidade fundamental, é chamado à colação não numa perspectiva material de violação – de ser fotografado ou filmado e exposto sem consentimento ou de ser "apresentado em forma gráfica ou montagem ofensiva e malevolamente distorcida ou infiel"[315] –, mas em uma perspectiva emergente da cognição psico-intelectual de que nos fala ENRICO ALTAVILLA.

Ao lermos o nome de *A* ou de *B* criamos a nossa imagem cognitiva[316] e persegue-nos ou grava-se no nosso intelecto, cujos pensa-

---

[314] Quanto este assunto, J. J. GOMES CANOTILHO e VITAL MOREIRA, *Constituição da República...*, 3.ª Edição., pp.180 e 181.

[315] *Ibidem*. Quanto à violação de direito à *imagem* no âmbito do registo de voz (*off*) e imagem, M. FERREIRA MONTE, "O Registo de Voz e Imagem...", *in Medidas de Combate...*, p. 82.

[316] Quanto a esta perspectiva cognitiva da imagem, ENRICO ALTAVILLA, *Psicologia Judiciária – O Processo Psicológico e a Verdade Juridicial,* (Tradução de Fernando Miranda), 3.ª Edição, Arménio Amado – Editor, 1981, Vol. I, p. 48.

*Escutas Telefónicas – da excepcionalidade à vulgaridade*     147

mentos abonatórios ou de condenação social são inerentes a essa imagem cognitiva. Infelizmente, no nosso ordenamento jurídico, não existe protecção directa desta perspectiva da ofensa à imagem, podendo-se socorrer da ofensa à honra, cuja dimensão ontológica se revê na imagem que a ofensa cria da pessoa visada.

## 21. Tutela Jurídico – Constitucional

Os direitos, liberdades e garantias afectados com a operacionalização dos meios de obtenção de prova – *maxime* escutas telefónicas –, de grande *danosidade social*, gozam de tutela efectiva e programática e de aplicação directa – configurando um *reforço de normatividade*[317] – e vinculativa dos preceitos constitucionais e supraconstitucionais – artigos 18.º, n.º 1, 16.º, n.º 2 e 8.º n.º 1 da CRP. Desde logo, ao se consagrar a dignidade da pessoa humana como pedra basilar de Portugal, todo e qualquer cidadão seja do poder judicial seja do poder executivo seja do poder político-legislativo seja da comunidade – cidadão anónimo e invisível – encontra-se vinculado a ter condutas que não violem a esfera central desta pedra mestra.

Contudo, a Constituição criou guardiões deste património, impondo-lhes que, como faces visíveis do Estado e da Lei, defendessem contra quaisquer agressões – do Estado inclusive – e procedessem de modo a garantir os direitos, as liberdades e as garantias do cidadão – tarefa ou missão fundamental do Estado de direito democrático, al. *b)* do art. 9.º da CRP.

Os guardiões implementam-se a montante e a jusante: a montante, os comandos normativos constitucionais[318] e de legislação ordi-

---

[317] Crf. J. J. GOMES CANOTILHO, "Métodos de protecção de direitos, liberdades e garantias", *in Boletim da Faculdade de Direito da Universidade de Coimbra*, Volume Comemorativo – n.º 75 –, 2003, p. 802.

[318] Desde logo, das restrições de revisão constitucional consta como limite material à revisão o respeito pelo núcleo essencial dos direitos, liberdades e garantias – art. 288.º, al. *d)* da CRP. Quanto a este assunto, J. J. GOMES CANOTILHO, "Métodos de protecção de direitos, liberdades e garantias", *in Boletim da Faculdade....*, n.º 75, pp. 793 e ss.

nária, cuja tutela máxima se exprime no plano jurídico-criminal; a jusante dois sectores de tutela material, *prima facie* a POLÍCIA e a *posteriori* os TRIBUNAIS[319]. A missão que lhes fora confiada é das mais nobres, porque representam a defesa dos mais fracos, que, só em um Estado subjugado ao direito – princípios, normas positivadas, doutrina e jurisprudência – e à democracia, podem ter tutela material contra as sucessivas agressões à sua esfera jurídica.

## 22. Tutela Jurídico – Civil

O direito civil consagra uma Secção (II), com a epígrafe de **Direitos da Personalidade** – do art. 70.º ao art. 81.º do CCiv. –, do Capítulo I – Pessoas Singulares –, do Subtítulo I – Das Pessoas –, do Título II – Das relações Jurídicas –, do Livro I do Código Civil.

No que concerne às escutas telefónicas, há a referir que o CCiv. estipula que «a lei protege os indivíduos contra qualquer ofensa ilícita ou ameaça de ofensa à sua personalidade física ou moral» – art. 70.º – e que «todos devem guardar reserva quanto à intimidade da vida privada de outrém», cuja extensão da reserva deve ser «definida conforme a natureza do caso e a condição das pessoas – art. 80.º.

A **ofensa aos direitos de personalidade** implica o **direito a indemnização** civil por actos ilícitos – destinada a ressarcir danos morais e materiais –, o **exercício e protecção directa** pelo próprio titular nos termos dos artigos 334.º a 340.º do CCiv. – abuso de direito, colisão de direitos, acção directa, legítima defesa, estado de necessidade e consentimento do lesado – e, ainda, a decretação judicial de certas de medidas – apreensão de máquinas, de CDs, de fitas magnéticas ou outras medidas cautelares previstas na lei.

---

[319] Cfr. artigos 202.º e 272.º da CRP.

## 23. Tutela Jurídico – Administrativa

A tutela administrativa chamada à colação advém, no plano do nosso estudo, da vertente sancionatória disciplinar. Os operadores das intercepções e das gravações, assim como da transcrição para auto dos elementos de prova relevantes para a descoberta da verdade e para prova são, como se depreende, OPC ou AJ, recaindo sobre eles deveres *ex officio*, cuja violação pode originar não só procedimento criminal e civil, como também disciplinar.

As tutelas, a verificar-se, de que falamos são, como podemos aferir, a jusante face aos titulares dos direitos ofendidos. Este sentido de tutela preocupa-nos e sossega-nos. Preocupa-nos pela impossibilidade de outras pessoas não envolvidas na investigação não poderem averiguar, por desconhecimento, da conformidade legal da intercepção e gravação das suas conversações e comunicações com o arguido.

Sossega-nos por ainda residir confiança na presunção de legalidade da actividade investigatória, por um lado, e, caso essa actividade decorra fora dos postes da legalidade, mesmo que não seja instaurado um processo crime, certamente será instaurado um processo disciplinar. Esta auto-fiscalização das polícias e das AJ, no seu âmago, é o reflexo que, juridico-constitucionalmente, se impõe no plano administrativo de controlo hierárquico.

## 24. Tutela Jurídico – Criminal

A tutela jurídico-criminal impõe-se como *ultima ratio*. Acrescentaria que, dentro dessa *ultima ratio*, se impõe nos seus confins, o que, malogradamente, não se verifica de acordo com o evoluir do direito penal dos direitos, das liberdades e garantias dos cidadãos para o direito penal do inimigo, bélico, de que nos fala MUÑOZ CONDE. Os direitos fundamentais, como bens jurídicos de dignidade penal, afectados pelas escutas telefónicas, estão dotados de protecção jurídico-criminal:

**i.** a ofensa ao direito da **reserva da intimidade da vida privada e familiar** conhece a sua protecção criminal no art. 192.º do CP, sob a epígrafe *devassa da vida privada*[320];

**ii.** a violação de **telecomunicações** ou do correio electrónico ou enviado por outro meio telemático conhece protecção no art. 194.º do CP, sob a epígrafe *violação de correspondência ou de telecomunicações*;

**iii.** a ofensa ao **direito à palavra** encontra-se previsto e punido no art. 199.º do CP, sob a epígrafe *gravações e fotografias ilícitas*;

**iv.** o desrespeito do **dever de segredo** a que estão obrigados os que tiveram conhecimento do conteúdo das escutas no decurso da intercepção e gravação, podem ser punidos pelo crime de violação de segredo, p. e p. pelo art. 195.º do CP, sob a epígrafe *violação de segredo*, ou, quiçá, pelo art. 371.º do CP, sob a epígrafe *violação de segredo de justiça*, ou, ainda, pelo artigos 383.º do CP – *violação de segredo por funcionário* – e art. 384.º do CP – *violação de segredo de correspondência ou de telecomunicações*;

**v.** quanto às possíveis violações do direito à honra – reputação e bom nome – a tutela preconiza-se nos artigos 180.º do CP – *difamação* – 181.º – *injúria* – 183.º – *calúnia*.

**vi.** às possíveis violações ao direito de imagem – não só visto como imanência ontológica material, mas, no seguimento de ENRICO ALTAVILLA, como realidade psíquica e intelectual – não existe qualquer preceito penal que a enquadre, podendo-se retirar da aplicação dos preceitos que protegem a honra, pois que o art. 199.º do CP reporta-se, apenas, à gravação não consentida da imagem.

---

[320] Quanto à privacidade como bem jurídico-penal, JOSÉ DE FARIA COSTA, *Direito Penal da Comunicação – Alguns Escritos*, Coimbra Editora, 1998, p. 157.

CAPÍTULO V

# DIREITO INTERNACIONAL E EUROPEU

## 25. Direito Internacional

### a) *Declaração Universal dos Direitos do Homem*

**I.** A Declaração Universal dos Direitos do Homem (DUDH), consequência de actos de barbárie entre os Homens, parte da ideia central de que o reconhecimento de dignidade a todo e qualquer cidadão e sequente respeito dos direitos e liberdades de todos «constitui o fundamento da liberdade, da justiça e da paz no mundo».

A DUDH não pode ser apenas um aglomerado de artigos muito bonitos para se enunciar em discursos – académicos, sociais, culturais e políticos – esvaziando-se de sentido na vida prática de cada cidadão ou na actividade do Estado subjugado ao direito e erigido sobre os pilares da democracia. Não só a legislação – plano legisferante –, como acima de tudo, a operacionalização das normas emanadas pelo órgão competente e de acordo com a Constituição deve obediência aos princípios e direitos fundamentais proclamados na Declaração. A sua violação é uma violação à nossa constituição e à nossa tradição jurídica, cuja história se escreve muitas das vezes com sangue. A herança que nos cabe é uma herança de glória e de responsabilidade, pois não podemos defender o abalroamento dos direitos e liberdades fundamentais em prol da securitização total da vida quotidiana.

**II.** A DUDH consagra não só a **liberdade**[321] desde a nascença – cujo exercício se consagra no art. 3.º –, nem a **igualdade** *tout cour*, mas também uma **igualdade em dignidade** sem excepção de cidadão mais ou menos cumpridores das regras comunitárias – art. 1.º.

O art. 12.º da DUDH consagra os direitos à vida privada e familiar, à inviolabilidade da correspondência – entenda-se correspondência em sentido lato –, à honra e à reputação, determinando que «ninguém sofrerá intromissões arbitrárias», o que induz a que se **aceitem intromissões** «estabelecidas pela lei com vista exclusivamente a promover o reconhecimento e o respeito dos direitos e liberdades dos outros e a fim de satisfazer as justas exigências da moral, da ordem pública e do bem-estar numa sociedade democrática» – n.º 2 do 29.º.

De referir ainda que, como já expusemos no plano da CEDH, o direito à palavra emerge ou é inerente à liberdade de expressão que se materializa na forma escrita e oral pela palavra. Direito este consagrado no art. 19.º da DUDH.

### b) *Pacto Internacional sobre Direitos Civis Políticos*

O Pacto Internacional sobre Direitos Civis e Políticos (PIDCP) – adoptado por Portugal pela Lei n.º 29/78, de 12 de Junho – vincula também os entes públicos e privados ao respeito dos direitos, liberdades e garantias do cidadão, que, *in casu*, se prendem com as intercepções e gravações de conversações e comunicações.

Ao lado da dignidade e da igualdade em dignidade, da igualdade, do primado da vida e da liberdade, o PIDCP[322] determina que os Estados Parte (como um todo e individualmente como parte do todo) devem promover o respeito pela vida privada e familiar, pela inviolabilidade da correspondência – *lato sensu* – pela honra e reputação, cuja violação ou ingerência não pode ser arbitrária ou ilegal. A intromissão obedece à lei e aos princípios que a regem e não ao sabor da investigação criminal.

---

[321] Afastada com a *localização celular*, prevista no n.º 2 do art. 189.º e no art. 252-A do CPP.

[322] Cfr. art. 17. .º do PIDCP.

*Escutas Telefónicas – da excepcionalidade à vulgaridade*   153

Defendemos, nesta sede, que o direito à palavra se deve aferir do direito de liberdade de expressão e de opinião[323] escrita ou oral pela palavra.

### c) *Lei de Cooperação Judiciária em Matéria Penal*

**I.** A cooperação judiciária internacional em matéria penal (LCJIMP), cujo regime fora aprovado pela Lei n.º 144/99, de 31 de Agosto, alterado pela Lei n.º 104/2001, de 25 de Agosto, Lei n.º 48/ /2003, de 22 de Agosto, e pela Lei n.º 48/2007, de 29 de Agosto veio aparentemente trazer um novo olhar apreensivo quanto aos meios de obtenção de prova – que, nosso caso, se prende com a intercepção e gravação de conversações e comunicações.

Na LCJIMP não se expressa quais as diligências que podem ser desenvolvidas, mas que o MJ pode autorizar a deslocação de autoridades judiciárias e órgãos de polícia criminal estrangeiros para a *participação em actos de investigação criminal* – n.º 5 do art. 145.º – como se depreende a intercepção de comunicações e respectiva gravação são actos de investigação criminal.

**II.** Na redacção inicial não existia qualquer preceito quanto à intercepção de comunicações e conversações no âmbito da cooperação judicial em matéria penal, cuja lacuna era aparente, porque, defendemos que não era necessário aditar-se o art. 160.º-C[324],cuja epígrafe é *Intercepção de telecomunicações*, em que se prescreve que «pode ser *autorizada a intercepção de telecomunicações realizadas em Portugal*, a pedido das autoridades competentes de Estado estrangeiro, desde que tal esteja previsto em acordo, tratado ou convenção internacional e se trate de situação em que tal intercepção seria admissível, nos termos da lei de processo penal, em caso nacional semelhante»[325] – n.º 1 –, cuja entidade policial competente para tal

---

[323] Cfr. art. 18. .º do PIDCP.
[324] Aditado pela Lei n.º 104/2001, de 25 de Agosto.
[325] Itálico nosso.

é a *Polícia Judiciária* – n.º 2 – e cujo despacho pode incluir a autorização para *transmissão imediata* da comunicação para o Estado requerente – n.º 3.

Todavia, a intercepção e gravação de conversações e comunicações encontra-se *subordinada à ordem jurídica interna portuguesa* – n.º 1 do art. 146.º –, mas o auxílio pode *ser prestado em conformidade com a legislação do Estado requerente* desde que o mesmo solicite expressamente ou na decorrência de acordo, tratado ou convenção internacional. Todavia, se o auxílio *contrariar os princípios fundamentais do direito português e/ou causar graves prejuízos* aos intervenientes no processo, o Estado português pode negar a auxílio de acordo com a legislação do requerente – n.º 2 do art. 146.º.

O auxílio será sempre negado se as escutas violarem os princípios inerentes à sua autorização ou ordem no âmbito processual português ou se implicarem sanções de carácter penal e disciplinar para os funcionários da PJ – *ex vi* do n.º 3 do art. 146.º.

Os deveres inerentes ao interceptores no âmbito do CPP português mantêm-se, sempre, mesmo que seja no âmbito da cooperação judiciária.

### d) *Convenção de Palermo*

**I.** O art.º 15.º da Convenção de Palermo – Convenção das Nações Unidas Contra a Criminalidade Organizada Transnacional – prescreve que os Estados participantes devem adoptar as medidas jurisdicionais necessárias para prevenir e lutar contra a criminalidade organizada, grave e estruturada.

Das medidas necessárias, destacam-se os meios de obtenção de prova mais agressivas para com os direitos, liberdades e garantias do cidadão nacional e estrangeiro, tais como as acções encobertas, a realização de intercepção, transmissão e gravação de conversações e comunicações, medidas que permitam «optimizar a eficácia das medidas de detecção e de repressão destas infracções, tendo na devida conta a necessidade de exercer um efeito dissuasivo da sua prática», *ex vi in fine*, do n.º 2 do art.º 11.º.

*Escutas Telefónicas – da excepcionalidade à vulgaridade*     155

A Convenção de Palermo «instiga» a que, quando o objecto da investigação criminal para instauração de processo ou procedimento judicial, em vários Estados, é a mesma conduta, aqueles desenvolvam «consultas entre si no sentido de coordenarem as suas acções», *ex vi* do n.º 5 do art.º 15.º, sem que se exclua o exercício de qualquer jurisdição interna dos próprios Estados – n.º 6 do art.º 15.º.

**II.** A cooperação judicial entre os Estados Partes baseia-se no princípio da reciprocidade e deve abranger o âmbito das investigações, dos processos e procedimentos judiciais, devendo o auxílio judiciário se materializar em recolha de depoimentos e de testemunhas, notificação de actos judiciais, realização de buscas, apreensões e congelamentos, exames de objectos e de locais, fornecimento de informações, de elementos de prova e de pareceres de peritos, fornecimentos de documentação, identificação ou localização do produto do crime, bens, instrumentos ou outros elementos probatórios, prestação de qualquer outro tipo de assistência compatível com o direito interno do Estado requerido, conforme n.ºˢ 1 e 3 do art.º 18.º da Convenção de Palermo.

Quanto ao nosso estudo, a convenção não estipula auxílio judiciário na realização de estudos, contudo quer a al. *i)* quer as als. *e)* e *g)*, sendo que os crimes contemplados na convenção admitem no nosso direito interno a realização de escutas telefónicas, o Estado requerido pode recorrer a esta diligência para poder prestar auxílio judiciário solicitado.

Os artigos 19.º – *investigações conjuntas* – e 20.º – *técnicas especiais de investigação* – demonstram a consciência dos Estados de que o isolamento na prevenção criminal, *maxime* criminalidade organizada e de massa, apenas produzirá a frustração de trabalho árduo infrutífero.

Mas, não olvidemos que a cooperação na prevenção da criminalidade obedece ao primado da legalidade nacional.

## 26. Direito Europeu:

### a) *Convenção Europeia dos Direitos Homem*

**I.** A Convenção Europeia dos Direitos do Homem (CEDH) autoproclama-se como uma garantia colectiva de certos direitos, liberdades e garantias quer no plano negativo quer no plano positivo, quer no sector da produção de prova quer no sector da valoração da prova obtida.

Desde logo, o preâmbulo da CEDH designa as liberdades fundamentais como «as verdadeiras bases da justiça e da paz», cuja preservação ancora na verdadeira democracia e no respeito mútuo dos direitos do homem, e que os Governos dos Estados Europeus, herdeiros de uma tradição, conquistada com suor e sangue, «de respeito pela liberdade e pelo primado do direito».

**II.** No que concerne aos direitos afectados com o recurso às escutas telefónicas, enunciamos que a CEDH consagra a segurança e a liberdade como direitos do cidadão, cujas restrições admissíveis são elencadas ao longo do n.º 1 do art. 5.º da Convenção. Não se retira do preceito qualquer hegemonia do direito à segurança e, por conseguinte, à prevenção e/ou repressão a qualquer custo do crime.

Quanto à inviolabilidade da correspondência – entenda-se extensivamente – e da reserva da vida privada e familiar, o art. 8.º da CEDH consagra-o e limita a acção pública de ingerência ou o ferir destes direitos à previsão legal, ao princípio da necessidade e da proporcionalidade e a finalidades de prevenção penal, sanitária e de garantia e defesa de direitos de terceiros.

O direito à palavra não se expressou directamente na CEDH, mas o seu conteúdo essencial poder-se-á retirar do art. 10.º da Convenção, no qual se consagra o direito de liberdade de expressão que pode ser manifestado por gestos, por elementos materiais – p. e., pintura, escultura – pela escrita ou pela voz, sendo que estas duas últimas assentam no uso da palavra.

## b) *Carta dos Direitos Fundamentais da União Europeia*

**I.** A Carta dos Direitos Fundamentais da União Europeia constitui «um fórum de expressão de todas as sensibilidades europeias em matéria de direitos fundamentais»[326], um marco importante na solidificação do «espaço integrado de liberdade, de segurança e de justiça», melhorando «o actual nível de protecção dos direitos fundamentais na União, ultrapassando o sistema actual, de carácter essencialmente pretoriano»[327].

A Carta não afasta as propostas – 1979 e 1990 – de adesão da União à Convenção Europeia dos Direitos do Homem, nem diminui o interesse já demonstrado de aderir à convenção. Todavia, como afirma ANTÓNIO VITORINO, os direitos que figuram da Carta e que já se encontram consagrados na CEDH devem ser interpretados e aplicados com o mesmo sentido e mesmo âmbito e mesmos limites da Convenção.

Outro ponto de realce, é saber quem está sujeito ao respeito dos direitos fundamentais enumerados na Carta. Como se retira do n.º 1 do art. 52.º da Carta, esta tem por destinatários as instituições e órgãos da União e os Estados-Membros quando aplicam o direito da União.

**II.** A Carta na catalogação dos direitos fundamentais partiu da base de **seis alicerces: dignidade, liberdade(s), igualdade, solidariedade, cidadania e justiça**[328]. Como se depreende, não figura como alicerce base a segurança, ou seja, a ideologia securitária está

---

[326] Cfr. ANTÓNIO VITORINO, *Carta dos Direitos Fundamentais da União Europeia*, Princípia, S. João do Estoril, 2002, p. 9. Acresce referir que o respeito pela CEDH se impõe pelo art. 6.º do TUE e, caso seja assinado e ratificado por todos os Estados-Membros da União, pelo art. 6.º do TUE reformulado pelo Tratado de Lisboa.

[327] ANTÓNIO VITORINO, *Carta dos Direitos Fundamentais...*, p. 14.

[328] Cfr. ANTÓNIO VITORINO, *Carta dos Direitos Fundamentais...*, p. 33. A Carta dos Direitos Fundamentais da União Europeia faz parte integrante do Tratado da União Europeia com a reformulação do Tratado de Lisboa.

submetida a todos estes alicerces, principalmente ao da liberdade e da justiça, com os quais se emparelha.

A Carta abre com chave de ouro ao consagrar como **inviolável a dignidade humana**, que deve ser respeitada e protegida – art. 1.º. Ancorada a este alicerce aparece a proibição de métodos desumanos, como a tortura, tratos e penas degradantes – art. 4.º.

Quanto à liberdade, primeiramente consagrada, emparelha-se, como no art. 27.º da CRP, com a segurança – art. 6.º –, que não pode na sua prossecução ferir a vida privada e familiar e o respeito pelas comunicações – art. 7.º –, cuja protecção de dados conhecidos *ex officio* ou por motivo de circunstâncias deve ser respeitada – art. 8.º, n.º 1. Não há enunciação expressa do direito à palavra, mas defendemos, como até aqui, que o seu conteúdo e núcleo essencial se retira do direito à liberdade de expressão.

A restrição de direitos e liberdades enunciados pela Carta obedece aos princípios da legalidade, da proibição do excesso ou da proporcionalidade *lato sensu*: adequação, necessidade ou exigibilidade, proporcionalidade *stricto sensu* e da subsidiariedade – art. 52.º, n.º 1 –, assim como nenhuma disposição da Carta pode ser interpretada no sentido de restringir o exercício de direitos e liberdades reconhecidos pelo direito da União, pelo direito internacional ou por convenções internacionais – art. 53.º.

A Carta vem, no plano de aplicação de legislação da União, limitar e responsabilizar, como no direito interno, os abusos ou ingerências e agressões pelas instâncias estatais ou pelos seus elementos aos direitos enunciados.

### c) Schengen

O art. 39.º da Convenção Schengen estipula a cooperação policial para efeitos de prevenção e investigação criminal excepto se a legislação nacional reservar o pedido às autoridades judiciárias, cujo procedimento passará pela autoridade judiciária que será coadjuvada pelos OPC.

Escutas Telefónicas – da excepcionalidade à vulgaridade    159

Como se retira do preceito há a ideia central que a intervenção judiciária se impõe no âmbito da prevenção e investigação criminal, mormente por a sua prossecução colidir com direitos fundamentais cuja sindicância face aos princípios e aos valores a ponderar têm de ser avaliados de modo a que se cumpra o princípio de que a descoberta da verdade não é um valor absoluto face à dignidade da pessoa humana.

Há ainda a reter que os pedidos de assistência devem ser analisados de acordo com o direito interno, que no caso das escutas telefónicas está sujeito a autorização judicial – n.º 1 do art. 187.º do CPP – nunca a consagração da cooperação policial poderia ultrapassar a legalidade da diligência solicitada.

### d) *Convenção elaborada pelo Conselho no âmbito do art. 34.º do TUE – Auxílio Mútuo em Matéria Penal entre Estados-Membros da União Europeia*

**I.** O escopo de alcançar um espaço de liberdade, segurança e justiça, como afirmam ANABELA M. RODRIGUES e JOSÉ L. LOPES DA MOTA, encontra-se definido de modo abrangente a que diminuam "os receios de uma abordagem excessivamente securitária na criação de um espaço penal europeu"[329]. O caminho da repressão e do recurso policial dotado de instrumentos de cooperação repressiva do facto consumado ou a consumar tem sido o mais detalhadamente apetrechado, esquecendo-se ou tornando como "parentes pobres" o apoio à vitima e a reinserção dos reclusos, o que conduz a uma justiça penal global securitária[230].

Como exemplo pragmático deste fenómeno securitarista europeu e mundial – comandado pelos EUA – em que o terrorismo serve para justificar qualquer agressão individual ou collectiva, a Decisão-Quadro

---

[329] Cfr. ANABELA MIRANDA RODRIGUES e JOSÉ LUIS LOPES DA MOTA, *Para uma Política Criminal Europeia*, Coimbra Editora, 2002, p. 41.

[330] *Ibidem.*

(CE) de 13 de Junho de 2002 do Conselho da União Europeia veio impor aos Estados-Membros mudanças na legislação penal e de conceptualização de terrorismo, de grupo estruturado, de terrorismo internacional e de acções idênticas às de terrorismo[331].

A cooperação global de justiça deve passar primeiramente por preocupações "humanitárias" e de prevenção criminal, quer proactiva quer reactiva[332]. Como nos elucidam ANABELA M. RODRIGUES e LOPES DA MOTA, a prevenção criminal, objectivo prescrito no art. 29.º – cooperação policial e judiciária – só se alcança com uma «abordagem global da cooperação, incluindo políticas de prevenção e de "restauração do laço social", designadamente de apoio à vítima e de reinserção social do condenado"[333]. Acrescente-se a este enlace o respeito dos direitos fundamentais dos cidadãos europeus, cuja jurisprudência do Tribunal de Justiça das Comunidades tem demonstrado.

**II.** No âmbito das escutas telefónicas, impõe-se-nos o momento de abordarmos a Convenção Europeia do Auxílio Judiciário Mútuo em Matéria Penal, aprovada em Bruxelas a 29 de Maio de 2000[334], cujos artigos 17.º a 22.º tratam da matéria em estudo.

Dos preceitos afere-se a **judicialização da diligência** no plano da autorização da intercepção de telecomunicações, que, no caso de Portugal, que ratificou a Convenção a 16 de Outubro de 2001[335], é o juiz – art. 17.º.

---

[331] Quanto a este assunto, o nosso "Terrorismo: Fundamento de restrição de direitos?", *in Terrorismo*, (coord. ADIANO MOREIRA), 2.ª Edição, Almedina, Coimbra, pp. 419-457.

[332] Quanto à prevenção proactiva e reactiva do crime por parte das polícias, EDGARDO ROTMAN, "O Conceito de Prevenção do Crime", *in RPCC*, Ano 8, fasc. 3.º, pp. 319 e ss..

[333] Cfr. ANABELA MIRANDA RODRIGUES e JOSÉ LUIS LOPES DA MOTA, *Para uma Política Criminal...*, p. 42.

[334] Há a referir que o art. 4.º da Convenção, no âmbito da prova, consagra o princípio *forum regit actum*, ou seja, o Estado requerente respeita a recolha da prova do Estado requerido, materializando-se o princípio da *confiança mútua*.

[335] Cfr. Resolução da Assembleia da República n.º 63/2001, de 21 de Junho de 2001, publicada no DR, I Série A, n.º 240, de 16 de Outubro de 2001.

Dos mesmos preceitos podemos aferir que **sem harmonização da legislação**[336] – o que conflitua com a soberania legislativa estadual – a diligência pode ser rejeitada pelo Estado requerido por a legislação nacional não permitir tomar aquela medida ou por a entidade requerente não ser reconhecida como competente aos olhos da AJ do país executante, independentemente do reconhecimento mútuo – como *p. e.*, o n.º 4 e n.º 6 do art. 18.º. Conquanto o **princípio da reciprocidade** poderá solucionar os problemas de conflito de pedidos – 2.ª parte do n.º 7 do art. 18.º.

Como afirmam ANABELA M. RODRIGUES e LOPES DA MOTA, "a *harmonização* de infracções penais e de sanções aplicáveis" é fulcral para a « luta contra a "grande criminalidade"», tendo presente que «se a harmonização "não é um fim em si mesmo", ele reforça consideravelmente a capacidade dos sistemas judiciários dos Estados-Membros satisfazerem o seu objectivo de dar uma resposta à criminalidade»[337].

Quanto ao **pedido** de «intercepção e transmissão imediata» ou de «intercepção, gravação e subsequente transmissão da gravação» ou «transcrição da gravação» – als. *a)* e *b)* do n.º 1 e n.º 8 do art. 18.º –, deve partir da **autoridade competente** para efeitos de investigação criminal, que, no caso português, é o MP na fase de inquérito, cuja direcção é de sua competência originária, e o JIC, na fase de instrução. Os OPC são órgão de coadjuvação, cuja promoção de actos processuais lhe são delegados ou são de competência própria carentes de apreciação e de validação judicial posterior.

---

[336] Quanto ao princípio da harmonização como o caminho para a construção de um espaço penal europeu, os nossos *Mandado de Detenção Europeu*, Almedina, Coimbra, 2006, pp. 63-86 e 351-356 e "La cooperación en materia processual penal. Los engãnos y las ilusiones formales de los instrumentos jurídicos europeus e internacionales", *in Diario La Ley,* Ano XXIX, n.º 6914, 31 de Março de 2008, pp. 1-5, e ANABELA MIRANDA RODRIGUES, *O Direito Penal Europeu Emergente,* Coimbra Editora, Coimbra, 2008, pp. 49-82 (72, 74). Parece-nos que, com a Decisão-Quadro 2003/577/JAI do Conselho, de 22 de Julho de 2003, sobre a execução na União Europeia das decisões de congelamento para efeitos de recolha de prova e perda bens, poder-se-à fomentar uma melhor cooperação judiciária em matéria penal e processual penal no quadro do espaço da União.

[337] *Idem*, p. 77.

Mesmo nos casos em que o Estado solicitado não tenha sistema de serviço de telecomunicações que permitam uma porta de acesso ao Estado requerente, em que a porta de acesso daquele é permitida por um prestador de serviços, o requerente deve efectuar um pedido de intercepção legal de telecomunicações – art. 19.º. A inexistência de um serviço público capaz de interceptar e transmitir imediatamente ou de gravar e de transmitir de imediato, cuja porta de acesso é de um prestador de serviços, não iliba o requerente de realizar o pedido legal nos termos do art. 17.º e 18.º.

Casos há em que a autorização da realização da escuta pode colidir com a **eficácia da investigação** no Estado interceptor. Imaginemos que **A**, suspeito de tráfico de droga, está sob escuta e que, em um dado momento, o OPC se apercebe que **A** se encontra em Itália, não necessitando de assistência técnica italiana para interceptar e gravar as conversações e comunicações de **A**. O art. 20.º permite que se efectuem essas intercepções e gravações sob as seguintes condições:

e) que não se ofendam os princípios gerais do direito internacional;

f) que a ordem de intercepção seja no decurso de uma investigação criminal quanto a um crime específico;

g) que se destine a identificar e deter, acusar, instaurar um processo penal ou proferir uma sentença contra responsáveis;

h) que se notifique o Estado onde se encontra **A**, antes da intercepção, caso saiba do seu paradeiro antes da ordem;

i) que se notifique o Estado onde se encontra **A**, após o início da intercepção, depois de se aperceber do seu paradeiro.

As **notificações** devem conter a **indicação** da autoridade que ordena a intercepção, a confirmação de emissão de mandado ou de ordem de intercepção, informações quanto à identificação da pessoa visada, a infracção penal e a duração prevista para a diligência, excepto se o Estado requerente considerar que a informação é de natureza particularmente sensível, podendo a mesma ser transmitida à autoridade competente através de um autoridade específica, caso existe acordo bilateral – n.$^{os}$ 3 e 6 do art. 20.º.

Todas as informações estão revestidas de confidencialidade – n.º 5 do art. 20.º –, cujos abusos de utilização das mesmas podem originar responsabilidade criminal, disciplinar e civil.

### e) *Código Penal e de Tramitação Penal Europeu – futuro?*

**I.** A sacralização do valor segurança, de que nos fala ANABELA MIRANDA RODRIGUES, com a exigência de «"eficiência» do combate ao crime», desligou a sua inerente protecção de bens jurídicos e passou a ser a "santidade dos locais públicos", indispensável à "qualidade de vida" urbana», ou seja, "na gestão eficientista do risco que a nova abordagem do combate ao crime pressupõe, todo o risco se faz recair sobre o indivíduo, submetendo-o a uma intervenção de segurança da máxima intensidade"»[338], subjugando as regras de gestão de espaço públicos, fazendo-o sentir seguro, afastando-se da abordagem lógica de sociabilização.

Os desafios, que nos açambarcam os sonhos conduzem-nos a sentir que "os sistemas penais, individualmente considerados, são inoperantes para responder ao desafio da nova criminalidade"[339], que noticiadamente cria o pânico do caos, que provoca as posições quase fundamentalistas da eficácia imediata da actividade policial, dotada de instrumentos legais fortemente restritivos dos direitos e liberdades fundamentais, isto é, dá voz à «política criminal securitária» em detrimento de uma «política criminal de liberdade"»[340].

**II.** Contudo, a nova era impõe uma política criminal baseada na dignidade da pessoa humana que se quer, também, global face à nova (aparente) criminalidade. A intervenção do direito penal perante determinado tipo de criminalidade, designada de Criminalidade Organizada,

---

[338] Cfr. ANABELA MIRANDA RODRIGUES, "Política Criminal – Novos Desafios, Velhos Rumos*", in Liber Discipulorum para FIGUEIREDO DIAS*, Coimbra Editora, 2003, p. 219.

[339] *Idem*, p. 221

[340] *Ibidem*.

que se diferencia da apelidada Criminalidade de Massas[341] – crimes contra o património, tráfico de droga –, não pode ser isolada e individual, razão porque surge um projecto de Código Penal Europeu – projecto Espaço Judiciário Europeu.

Na exposição de motivos verificamos que o conjunto normativo assenta em três princípios fundamentais: assimilação; cooperação e harmonização. Dos três princípios, face à ideia ainda reinante de independência política e legislativa dos Estados e às formas ou vivências criminais de cada Estado – países como a Inglaterra ou Espanha que têm o IRA e a ETA –, pensamos que a *harmonização* legislativa será o mais difícil de se alcançar.

**III.** Quanto ao objecto do nosso estudo, que incide sobre a problemática da obtenção da prova, podemos aferir que o processo se desenrolará sob o *princípio de garantia judiciária*, "exercido por um juiz independente e imparcial, dito «juiz das liberdades»", conforme art.º 23.º, n.º 1, princípio que se manifesta em todo o decurso do processo – conforme artigos 23.º a 28.º.

Ancorado no valor da dignidade da pessoa humana, consagram--se os direitos do arguido – art.º 29.º – consagrados no art.º 6.º da CEDH e no art.º 10.º do PIDCP, assim como o direito de *conhecer* o *conteúdo* dos indícios que existem contra si, logo no primeiro interrogatório, conforme n.º 2 e n.º 3 do art.º 29.º.

Quanto à obtenção de prova, destacam-se três preceitos:

* art. 31.º – Obtenção de Prova – que, no n.º 1, consagra o princípio da *presunção de inocência* e, no n.º 2, se preceitua que a obtenção de prova se realiza de acordo com o direito nacional e comunitário, afastando, desde logo, a obrigação de contribuição activa do arguido produzir prova que o inculpe;

---

[341] Quanto à diferenciação entre Criminalidade Organizada e Criminalidade de Massas, WINFRIED HASSEMER, *A Segurança Pública...*, pp. 91 e ss..

## Escutas Telefónicas – da excepcionalidade à vulgaridade

* art.º 32.º – Provas Admitidas – há a referir que o n.º 2, a par do elenco do n.º 1 de provas admitidas, determina que não se exclua a aplicação de outros métodos de prova considerados como admitidos segundo o direito nacional em vigor;

* art.º 33.º – Exclusão das provas obtidas em violação das regras de direito – prescreve a inadmissibilidade das provas que ofendam as regras de direito quer as consagradas na CESDH, no art.º 31.º e 32.º, quer no direito interno nacional de cada Estado, – n.º 1, cuja verificação fica sujeita ao direito do país em que a prova foi obtida – 1.ª parte do n.º 2.

No âmbito das escutas telefónicas, há a referir que, em um processo instaurado nos termos do Código Penal e Processual Europeu, a prova obtida deveria ser analisada sempre de acordo com o art.º 125.º e 126.º e 189.º do CPP, quanto á sua validação ou exclusão – proibição –, sob o comando do n.º 8 do art.º 32.º da CRP.

O futuro cinzento de um direito penal *lato sensu* europeu, capaz de dar aos cidadãos um elevado e igual nível de liberdade, de justiça e segurança à Europa, dependerá muito da consciência unânime de que o espaço de liberdade, de segurança e de justiça não se solidifica somente com a cooperação judiciária e policial internacional, europeia e/ou interestadual, mas que o passo seguinte será a adopção de «uma política criminal *capaz de* responder com urgência, às perguntas sobre "a necessidade, sentido e âmbito" do direito penal»[342].

---

[342] *Idem*, p. 224.

CAPÍTULO VI

# PARA UM FUTURO
# PROCESSO PENAL EUROPEU

## 27. Supremacia do homem sujeito ou do homem objecto

Se uma política criminal global europeia deve «responder, com urgência, às perguntas sobre a "necessidade, sentido e âmbito" do direito penal»[343], o processo penal europeu do futuro deverá, indubitavelmente, assentar no pilar de que o Homem é um ser frágil e pecador, cujos direitos, liberdades e garantias não sejam sacrificados «no altar do combate à criminalidade»[344]. Jamais poderá ser a voz de PORFÍRIO, devendo antes deter o sentimento de APULEIO, cuja piedade se revelou, ou a compreensão a que Santo AGOSTINHO apela, para que não ceguemos como PORFÍRIO.

Neste sentido humanista e humanizante, defendemos um processo penal que centre o homem como sujeito e afaste a ideia securitária de homem-objecto de outrora. Como afirma a ANABELA RODRIGUES, a demanda da segurança não nos pode conduzir «ao progresso do retrocesso»[345], sendo imperioso que a «"nova" justiça penal *deva* assumir o "rosto" da Humanidade»[346].

---

[343] Cfr. ANABELA MIRANDA RODRIGUES, *"Política Criminal...", in Liber Discipulorum* ..., p. 224

[344] *Idem*, p. 225.

[345] Na aula de mestrado do dia 21 de Novembro de 2003.

[346] Cfr. ANABELA MIRANDA RODRIGUES, *"Política Criminal...", in Liber Discipulorum* ..., p. 234.

## 28. Obtenção e Circulação da prova

A obtenção e circulação da prova criminal é, *prima facie*, uma preocupação dos penalistas e dos constitucionalistas e de todo e qualquer cidadão europeu[347], quer no plano do direito interno, quer no plano do direito europeu, quer no plano do direito internacional e, incisivamente, no plano das normas de cooperação judiciária e policial.

A obtenção da prova, num processo penal do futuro, deve-se enraizar nos princípios estruturantes do processo penal – desde o princípio do acusatório até à cedência da verdade judicial à dignidade humana –, cujos actos que colidam com os direitos fundamentais devem ser de autorização de *juiz das liberdades* – independente, neutro e imparcial[348], sereno e sem o calor emocional da investigação e perseguição criminal[349].

A circulação da prova deverá, ainda, estar sujeita a rígidas balizas informadoras e limitativas de intervenção dos operadores judiciários capazes de evitarem os abusos e as ingerências nos direitos fundamentais tais como a reserva da intimidade da vida privada, a inviolabilidade das telecomunicações, a palavra, a imagem, a honra (...). Questões que se levantam quanto ao congelamento de provas e perda de bens no âmbito de um catálogo de tipologias criminais, previstas no n.º 2 do art. 3.º da DQ 2003/577/JAI, de 22 de Julho de 2003, com o agravo da cooperação judiciária e policial penal europeia se fundar no reconhecimento mútuo, na confiança mútua e, neste campo, com o não controlo da dupla incriminação. Quanto a estas questões o nosso *Mandado de Detenção Europeu*, Almedina, Coimbra,

---

[347] Quanto a esta matéria no plano da cooperação judiciária em matéria penal, os artigos III-171.º a III-175.º do Projecto de Tratado que estabelece uma **Constituição para a Europa** e no que concerne à cooperação policial os artigos III-176.º a III-178.º do mesmo Projecto de Tratado.

[348] Cfr. ANABELA MIRANDA RODRIGUES, *"A fase preparatória do processo penal – Tendências na Europa. O caso Português"*, in STVDIA IVRIDICA, n.º 61, Coimbra Editora, p. 961.

[349] Como já se propunha no preâmbulo do Decreto n.º 35 007 de 10 de Outubro de 1945.

2006 e ANABELA MIRANDA RODRIGUES, *O Direito Penal Europeu Emergente*, Coimbra Editora, Coimbra, 2008, abordam em toda a sua dimensão estes problemas jurídico-penais.

A cooperação judicial e policial não pode ser a ponte para se destronar o homem-sujeito e elevar o homem-objecto, típico dos Estados polícia ou de políticas caracterizadas pelo lema máxima segurança. Esta não pode ser absolutizada ou os seus instrumentos legais e materiais serem de tal modo exacerbados que se cristalize o dogma da segurança interna e internacional, cujos resultados vertam o vaticínio dos falibilistas de POPPER, que demonstram que o programa dos verificacionistas – que "exigem, de facto, que nós só aceitemos uma crença *se ela puder ser justificada por provas categóricas*; ou seja, *demonstrada* como verdadeira ou, pelo menos, altamente provável", *i. e.*, "exigem que nós só aceitemos uma crença se ela puder ser *verificada*, ou probalisticamente *confirmada*" – "não é exequível: que nós não podemos nunca oferecer razões positivas que justifiquem a crença de que uma teoria é verdadeira"[350].


## 29. Banco de dados para futuras investigações

O banco de dados sobre infracções criminais e seus agentes deve ser fortemente limitado quer no cadastro, quer no acesso, quer no uso, pois, como prenuncia o dito português, «a ocasião faz o ladrão». Muito mais nos nossos dias em que o processo é, por regra, público, conforme n.º 1 do art. 86.º do CPP..

O banco de dados deve evitar a *danosidade social* emergente da obtenção de prova por meios fortemente qualificados como delatores de pilares da dignidade da pessoa humana – *p. e.*, a reserva da intimidade da vida privada. Para evitar esta delação, o legislador impõe que as conversações e comunicações que não sejam transcritas para servirem de meio de prova devem ser guardadas em envelope

---

[350] Cfr. KARL POPPER, *Conjecturas e Refutações*, (tradução de BENEDITA BETTENCOURT), Almedina, 2003, p. 310.

lacrado, à ordem do tribunal, e transitada em julgado a decisão que tenha posto termo ao processo devem ser destruídas (n.º 12 do art. 188.º do CPP) e os suportes técnicos que não forem destruídos, após trânsito em julgado, são guardados em envelope lacrado junto ao processo e só podem ser novamente utilizados nos casos em que for admissível recurso de revisão de sentença (n.º 13 do art. 188.º do CPP).

## 30. (Ou) Devassa Ilimitada

Como afirma FARIA COSTA, "Não estamos nem temos de estar sujeitos à devassa"[351], mas caso não sejamos capazes de nos autolimitar e autogovernar com a promoção dos direitos e liberdades fundamentais, podemos cair no arbítrio do poder devassador ilimitado de que nos fala ALEXIS TOCQUEVILLE[352], que poder-se-á verificar mesmo em democracias.

A devessa ilimitada pode ter origem no acesso ao processo por curiosos e detractores, uma vez que com a reforma do código de processo penal de 2007, o processo crime, sob pena de nulidade, é público. O segredo de justiça existiu e existe para proteger os inocentes da "chacota" pública e não pode ser usado como arma desleal no processo crime. A alteração ao art. 86.º do CPP, cuja não publicidade cabe ao juiz decidir, pode funcionar como devassa ilimitada quanto a conversas e comunicações que constem do processo obtidas pela intercepção e gravação da comunicação. A conjugação da publicidade processual com a tutela de direitos dos visados com as escutas telefónicas tem de ser uma obrigação de exercício de equilíbrio da AJ autorizante e da AJ requerente.

---

[351] Cfr. JOSÉ DE FARIA COSTA, *Direito Penal da Comunicação – Alguns Escritos*, Coimbra Editora, 1998, p. 85.

[352] Cfr. ALEXIS TOCQUEVILLE, *Da Democracia na América,* (Tradução de Carlos Correia M. de Oliveira) Principia, S. João do Estorial, 2002, p. 252 e ss..

CAPÍTULO VII
# A TUTELA (DES) JUDICIALIZANTE

## 31. Caminhos Possíveis

### a) Tutela jurisdicional *ab initio* / *ad finem* do processo

O caminho judicializante de todo o processo penal, *ab initio ad finem*, é aquele que se nos afigura mais garante dos direitos e liberdades fundamentais[353].

A nossa Constituição, quanto à defesa e garantia dos direitos e liberdades fundamentais, consagra a tutela judicial do recurso a meios de obtenção de prova que colidam com direitos fundamentais – art.º 32.º, n.º 4. No mesmo sentido apontamos os artigos 202.º, n.º 1 da CRP. – ao consagrar que «os tribunais são órgãos de soberania com competência para administrar a justiça em nome do povo», competindo-lhes «assegurar a defesa dos direitos e interesses legalmente protegidos dos cidadãos», conforme n.º 2 do art.º 202.º da CRP.

Acresce aos fundamentos apresentados a competência da acção penal ser do MP, – n.º 1 do art.º 219.º da CRP –, que é uma autoridade judiciária – al. *b)* do art.º 1.º do CPP – ao qual compete dirigir o inquérito – art.º 263.º, n.º 1 do CRP –, coadjuvado pelos OPC, que estão sob a sua *directa orientação* e *dependência funcional* – n.º 2 do art.º 263.º do CPP e artigos 2.º e 3.º da LOIC.

---

[353] Como já defendemos na 1.ª Edição desta obra e posteriormente em "Do Objecto do Processo: Da importância dos Órgãos de Polícia Criminal na sua identificação e Determinação", (Licção de Sapiência de abertura do ano lectivo 2006/ 07 do ISCPSI), *in Politeia*, Ano III, n.º 2, Jul/Dez/2006, pp. 115-139 (137).

Como argumento da nossa posição designada por muitos de «anacrónica, ingénua e aluada», apresentamos os artigos 268.º e 269.º do CPP, cuja promoção colide com direitos e liberdades fundamentais, em que o legislador apenas permite que o MP, dos actos a praticar pelo juiz de instrução, possa aplicar o TIR – art.º 268.º, n.º 1, al. b) conjugado com o art.º 196.º do CPP.

A intercepção e gravação de conversações, como já referidos, fere de imediato direitos de permeabilidade fundamentais do visado, cuja tutela judicial deve existir *ab initio ad finem do processo*, ou seja, o nosso ordenamento jurídico – constitucional e processual penal – não admite que a intervenção judicial se resuma a uma apreciação e validação após várias horas, dias, semanas e meses, quiçá anos, de escutas, sendo por isso que impõe ao OPC que lavrem "o correspondente auto", elaborem relatório com a indicação das passagens relevantes para a prova, com a descrição sucinta do conteúdo e com a explicação do alcance do mesmo para a descoberta da verdade, devendo levar ao conhecimento do MP, de 15 em 15 dias, a contar do início da intercepção, os autos, os relatórios e os suportes técnicos, para que aquele no prazo de 48 horas, os leva ao conhecimento do juiz que autorizou a diligência, conforme n.os 1, 3 e 4 do art. 188.º do CPP.

### b) *Desjudicialização – modelo anglo-saxónico – tutela de controlo e fiscalização*

Lemos preocupados um matutino nacional em 2004, em que BARRA DA COSTA[354], defendia o regresso de toda a competência de investigação criminal às entidades que operacionalmente sabem investigar. Preocupamo-nos, porque não é só uma voz, mas são muitas vozes que defendem o «progresso ao retrocesso» do inquérito policial instituído pelo DL n.º 605/75 de 3 de Novembro, cuja tutela de controlo e fiscalização seria hierárquica e *in fine* apareceria a apreciação e validação dos actos pela autoridade judiciária.

---

[354] Cfr. BARRA DA COSTA, *Correio da Manhã*, 8 de Fevereiro de 2004.

# Escutas Telefónicas – da excepcionalidade à vulgaridade 173

A defesa da desjudicialização do inquérito – onde a investigação criminal detém o seu maior fulgor – não se nos afigura quer constitucionalmente quer em termos de política criminal o caminho possível. Só um Estado de direito erigido, na prevenção da liberdade e da segurança, segundo políticas securitárias – dotando os OPC de uma exacerbação de instrumentos legais – pode admitir a desjudicialização da obtenção da prova, policializando de todo em todo um processo e inutilizando o juiz das liberdades e nihilificando o MP.

O argumento de que, no modelo anglo-saxónico, funciona este sistema desjudicial, não se afigura concreto por duas ordens de razão: a primeira há a referir que, sempre do acto de investigação, haja uma grave violação a direitos e liberdades fundamentais, a polícia tem de pedir autorização judicial, *p. e.*, no Canadá, quando o OPC efectua buscas e escutas telefónicas e, em Inglaterra, na recolha de impressões digitais, apesar das escutas poderem ser autorizadas pelo Ministério do Interior; a segunda ordem de ideias, refere-se à autorização ministerial ou administrativa para realização de escutas, que, hoje, está a ser questionada e que vários juristas de renome defendem a tutela judicial na prossecução de intercepções e gravações de conversas e comunicações[355].

### c) *Policialização com controlo externo*

O perigo da "*policialização* da investigação criminal", por omissão das suas funções da direcção por parte do MP – titular da acção penal – e de fiscalização e intervenção nos momentos cruciais do JIC, continua a fomentar a ideia de que a polícia é o guardião máximo dos direitos e das liberdades fundamentais – como se retira do art.º 272.º da CRP.

Acompanhamos o receio de ANABELA MIRANDA RODRIGUES e partilhamos da opinião de que o perigo de *policialização é real*[356], muito devido ao sedentarismo funcional das magistraturas, o que con-

---

[355] O mesmo problema tem-se levantado quanto à Itália, à França e à Espanha.
[356] Cfr. A. M. RODRIGUES, "A Fase Preparatória do Processo Penal...", *in STVDIA IVRIDICA*, n.º 61, p. 955.

duz à "subalternização da autoridade judiciária na investigação" pondo "em causa o princípio da investigação sob garantia judicial"[357].

No âmbito da realização das escutas telefónicas, o fenómeno da policialização é real, começando, desde logo, pela incapacidade de acesso por terminal de computador à intercepção e à gravação das conversas e comunicações e de a fiscalização jurisdicional se efectuar de 17 em 17 dias.

A *policialização* da investigação criminal – com apoio de escutas telefónicas – é visível face ao que MATA-MOUROS afirma quanto à desnecessidade de outras diligências, demonstrando que a tutela judicial, que se impõe antes, durante e depois da realização da diligência, não funcionou. Da constatação de MATA-MOUROS, retiramos que a sindicância exigida ao juiz quanto à necessidade, à adequação, à proporcionalidade da diligência não foi operada no caso concreto[358].

## 32. Reforço do novo rumo deve:

a) reforçar o afastamento da "vulgarização" da escuta telefónica, que converte o Homem em objecto do processo, que se transforma em instrumento de opressão;

b) e continuar a pugnar pela defesa da excepcionalidade[359] da escuta telefónica, que converte o Homem em sujeito dotado de direitos e deveres processuais e transforma o processo penal em instrumento ou carta dos inocentes.

---

[357] *Idem*, p. 956.

[358] Quanto a esta "triste realidade", o AC. TC n.º 393/03, Proc. n.º 469/03, de 22 de Julho de 2003, de onde se retira que "as escutas telefónicas não foram relevantes, no caso, para a avaliação da matéria de facto com base na qual o arguido foi condenado".

[359] Que pode ser reforçada com a nova redacção do n.º 1 do art. 187.º do CPP.

CAPÍTULO VIII

# RUMO À DEMOCRATICIDADE E À LEALDADE DO MEIO DE OBTENÇÃO DE PROVA
## – Escutas telefónicas

### 33. A prova e os direitos fundamentais

A prova, como temos vindo a defender, não é um valor absoluto e ilimitado, pois cede face aos direitos fundamentais, principalmente aos que personalizam o homem.

Num regime democrático e submetido ao valor da lealdade, os fins não podem justificar os meios, pelo que o art. 32.º, n.º 8 da CRP, cuja expressão processual está materializada nos art. 126.º e, no plano das escutas telefónicas, art. 189.º do CPP, proíbe as provas obtidas com ofensa dos direitos fundamentais.

O recurso às escutas telefónicas tem de se apresentar como um meio democrático e leal, pois como afirma CLAUS ROXIN[360], o procedimento leal é o mais alto princípio de todo o processo penal, valor que se sobrepõe à própria descoberta da verdade, sob pena de destruição da legitimidade da acção penal do próprio Estado.

---

[360] Cfr. CLAUS ROXIN, *Derecho Procesal...,* p. 79 e *apud* JORGE DE FIGUEIREDO DIAS, "Do princípio da «objectividade» ao princípio da «lealdade» do comportamento do Ministério Público no Processo Penal", *in RLJ,* Ano 128, n.º 3860, pp. 344-345.

## 34. A valorização da prova obtida por escuta telefónica

A ideia de lealdade e democraticidade de um processo penal erigido sob os auspícios da dignidade da pessoa humana, que, como ensina CASTANHEIRA NEVES, é "expressão axiológica do homem como pessoa e nesta afirma-se ele como «fim em si próprio»"[361], impõe que se admitam como válidas as provas que, em primeiro lugar, não ofendam os direitos e liberdades fundamentais do homem – *maxime*, a reserva da intimidade da vida privada, a palavra, a inviolabilidade das telecomunicações, a honra e a imagem –, que, em segundo lugar, respeitem os requisitos e as condições impostas pelos artigos 187.º e 188.º, conformando-se a obtenção de prova com os artigos 125.º e 126.º do CPP, que, em terceiro lugar, sejam obtidas de forma isenta e objectiva – art. 48.º do CPP – e que, por último, não se configurem como uma confissão antecipada.

## 35. Que prova: indiciadora e/ou absolutória

As provas a obter pelos operadores judiciários através das escutas telefónicas não se esgotam nas que unificam e solidificam os indícios que servem de suporte para acusar, ou seja, a prova que indicia ou indiciadora. Pois, quer por imperativo constitucional – artigos 202.º, 203.º, 219.º e 32.º da CRP – quer por imperativo processual penal – artigos 48.º, 262.º e 283.º do CPP – quer, ainda, pela natureza do nosso processo penal – tendo em conta que não existe uma igualdade pura de armas –, aqueles estão obrigados a descobrir e a recolher as provas que possam conduzir à absolvição – ou seja, absolutórias – do arguido.

A mesma obrigação legal, ética e moral se exige ao longo da instrução e do julgamento. Recai sobre aqueles um dever *ex officio* de busca da verdade seja de imputação seja de absolvição, devendo,

---

[361] Cfr. A. CASTANHEIRA NEVES, "O princípio da legalidade", *in Digesta*, Coimbra Editora, Coimbra, Vol. 1.º, p. 410.

## Escutas Telefónicas – da excepcionalidade à vulgaridade

para tal, descobrir e recolher todas as provas que permitam ao juiz decidir de forma justa e livre[362], de modo que se possa prosseguir os fins do direito penal.

### 36. A preocupação hassemeriana

**I.** Temas como a criminalidade e a violência fascinam e preenchem o conteúdo das preocupações dos cidadãos não só em Portugal, mas também em outros países como na Alemanha. Do estudo desenvolvido, as preocupações e as hesitações do recurso ilimitado a instrumentos de controlo do crime transformam caricaturalmente o rumo das concepções, *p. e.*, confusão entre criminalidade organizada e criminalidade de massas – sendo esta a que mais se verifica, como roubos, tráfico de droga, tráfico de automóveis, furto de automóveis[363] –, que, por sua monta, provoca a redução da política criminal em política de segurança, à inexistência de "uma proposta progressista de segurança pública"[364], uma apresentação unilateral, cuja "exacerbação e ampliação de meios de combate ao crime"[365] satisfazem os desejos das polícias.

Os sentimentos de ameaça enfatizadas e popularizados dão voz a uma política de segurança que olha para "a invocação de direitos e liberdades fundamentais no combate ao crime *como* anacrónica, ingénua e teimosa"[366].

O panorama de pânico psíquico que se vive[367], ajudado pela depressão económica, sente a sua cura em um atrevimento de se

---

[362] Como impõem, de entre outros, os princípios da objectividade, da imparcialidade, da justiça e da boa fé.

[363] Cfr. WINFRIED HASSEMER, *A Segurança Pública...*, p. 88.

[364] *Ibidem.*

[365] *Ibidem.*

[366] *Idem*, p. 89.

[367] Veja-se o fenómeno da insegurança cognitiva produzida pela comunicação social quando fala de tipologias criminais como o roubo de viaturas com recurso a armas de fogo ou violência.

defender que existem garantias em demasia, que a investigação criminal devia ser em toda a sua extensão da competência exclusiva das polícias, que os meios de obtenção de prova deveriam ser mais abrangentes, *p. e.*, quanto às realizações das intercepções e gravações defende-se, o discurso conservador, a sua amplitude quanto a procedimento administrativos, como acontece em certos países europeus.

Esta visão de derrota da prevenção e da vitória do toque a rebate da repressão, conduz-nos, como ensina HASSEMER, a uma política criminal que, dispondo "da garantia da liberdade e da protecção dos direitos fundamentais", cede "às exigências de um efectivo combate ao crime, *colocando* em jogo todas as nossas tradições de Estado de direito, não importando com que eficácia e quem deva ou possa proclamá-las e defendê-las"[368].

**II.** O cepticismo autorizado de HASSEMER, no que nos concerne, parte da ideia central, com a qual concordamos, de que, para prevenir a criminalidade de massa – que nos acerca o espírito e desequilibra emocionalmente – a troco de uma política criminal assente em "estratégias aptas e orientadas para o seu combate", tais como "prevenção técnica, policiamento ostensivo, possibilidades de sobrevivência para os jovens, inovações na política da droga"[369], opta-se pela "exacerbação e a ampliação do arsenal investigatório"[370] – como se todo o fenómeno criminológico se enquadrasse no plano da criminalidade organizada –, dotando as polícias de "poderosos instrumentos legais coercivos que vinham incessantemente reclamando"[371], sem que, primeiramente, aqueles prestem contas – da sua incapacidade e da necessidade de recurso a meios agressivos por natureza dos direitos e liberdades fundamentais que – quanto aos "passos já dados, antes de novos passos na mesma direcção serem autorizados"[372].

---

[368] *Idem*, p. 90.
[369] *Idem*, p. 92.
[370] *Idem*, p. 93.
[371] *Idem*, p. 99.
[372] *Idem*, p. 101.

Escutas Telefónicas – da excepcionalidade à vulgaridade    179

A dúvida ou a céptica certeza parte da necessidade sem avaliação, apreciação das razões do recurso a meios de obtenção de prova gradativamente mais agressivos dos direitos e liberdades fundamentais, sem que se esclareça o êxito que se obtém ou se tem obtido com esses instrumentos legais, transforma a política criminal em política securitária.

A intercepção de comunicações e posterior gravação, não obtante só poder ser autorizada sobre determinadas pessoas [n.º 4 do art. 187.º do CPP], estende-se "necessariamente e em regra a terceiros não envolvidos"[373], que, na maioria dos casos, não terão conhecimento dessa intromissão na sua vida privada, preocupa-nos.

Como demonstração desta dúvida e preocupação, afirmamos, citando HASSEMER que, «de uma vez por todas, deixemos de acreditar na lenda, segundo a qual os meios de coerção pensados atingem apenas "o criminoso", como se houvesse uma linha de demarcação para tais coerções, capaz de excluir os bons cidadãos dos "outros"»[374].

---

[373] *Idem*, p. 100.
[374] *Idem*, p. 117.

CAPÍTULO IX
# CONCLUSÕES

### 37. A «demanda da segurança» induz à vulgarização?

O recurso, quer no plano legiferante quer no plano operacionalizante da norma legitimadora, imbuído do espírito securitário *ab initio*, a meios de obtenção de prova ou instrumentos de combate (repressão) ao crime de natureza excepcional induz à vulgarização dos meios que só excepcionalmente deviam ser utilizados, quando os menos onerosos e agressivos para o cidadão – arguido ou não – se mostrassem inidóneos e inadequados e incapazes de obter a prova ou a descoberta da verdade.

### 38. A defesa da *policialização* dos meios de obtenção de prova induz ao arbítrio?

A *policialização* da investigação criminal, principalmente no que concerne aos meios de obtenção de prova, desprovida de fiscalização e controlo directo judicial cria margens de manobra indefinidas e, consequentemente, arbitrárias, que, como afirma ALEXIS TOCQUEVILLE[375], proporciona um raio de acção mais livre que a lei lhes define.

---

[375] Cfr. ALEXIS TOCQUEVILLE, *Da Democracia...*, pp. 252 e 253.

A legitimidade do *ius puniendi* reforça-se quando nos afastamos das teses dos verificacionistas e preferimos as dos falibilistas[376], que, receando a arbitrariedade, preferem não aceitar as crenças demonstráveis como prováveis, mas que preferem optar pelas crenças que admitem o erro e, nesta perspectiva de probabilidade de errar, devemos optar por trazer ao processo o maior número de actores, dotados de «direitos autónomos de conformação da concreta tramitação do processo como um todo»[377], cuja agressão dependa da acção judicial – juiz.

## 39. A prevalência do primado da liberdade impõe:

a) a **excepcionalidade** dos meios de obtenção de prova que ofendem direitos e liberdades e garantias;
b) a **fiscalização e controlo** antes, durante e posterior à realização do meio de obtenção de prova, tendo em conta que o nosso processo penal se rege sob os auspícios de um
c) **Estado de direito democrático**

A justiça deve ser exercida em nome do povo – do povo, pelo povo e para o povo – maximizando-se a plenitude da democracia que se ancora em uma ideia de justiça que substitui a violência quer na execução da pena sentenciada quer na busca da verdade material. As finalidades de um processo penal democrático e leal exige dos que operam na administração da justiça, que a lavra seja justa e sem rodeios de alteração da terra onde semearemos as nossas decisões. As escutas telefónicas, como enxada excepcional das polícias, deve ser um instrumento de obtenção de prova de *ultima ratio* e nunca de

---

[376] Quanto a esta teoria, KARL POPPER, *Conjecturas e Reputações*, pp. 310 e ss..

[377] Cfr. ANABELA MIRANDA RODRIGUES, "A fase preparatória...", *in STVDIA IVRIDICA*, n.º 61, p. 961.

*prima ratio* ou *sola ratio*, perdendo a sua magnânima característica para se vulgarizar como meio delator da ideia da tutela do íntimo.

Só uma visão do recurso aos meios de obtenção de prova agressivos aos direitos fundamentais fundeada nos valores do humanismo – *ne peccetur* e se pecarmos que a primeira pedra seja atirada por quem nunca pecou – poder-se-á falar em defesa e garantia do princípio da liberdade, na acepção Kelsiana, como o mais alto valor supremo da justiça[378].

O Estado de direito democrático impulsiona-nos a defender que quem se arroga da moral para perseguir não pode utilizar meios ilícitos para prevenir a criminalidade, por um lado, e, se lícitos, que não se usem fora dos pressupostos legais e nunca excedam o necessário quer no sentido de autorização indiscriminada quer no sentido de operacionalização do meio escuta, destruindo valores que se impõem nos nossos dias, cuja missão nos cabe levar a bom porto: *justiça, liberdade e solidariedade*. Caso contrário a cegueira que destrui PORFÍRIO – a impiedade – ou cegar-nos-á ou proporcionar-nos-á um olhar «míope».

Como afirma ANABELA MIRANDA RODRIGUES[379], "a justiça substitui o curto-circuito da vingança pela colocação à distância dos protagonistas, cujo símbolo em direito penal é o estabelecimento de uma distância entre crime e pena", sendo neste facto – suspensão da vingança – "que consiste a réplica mais significativa dada pela justiça à violência", criando o "homem: reconhece como homem aquele que cometeu o crime e vai suportar a pena", ou, como apela SANTO AGOSTINHO, **«não nos vença o desejo de vingança»**.

---

[378] Cfr. HANS KELSEN, *A Justiça e o Direito Natural*, (tradução de JOÃO B. MACHADO), Almedina, 2001, p. 81.

[379] Cfr. ANABELA MIRANDA RODRIGUES, "O Tribunal Penal Internacional e a Prisão Perpétua", *in Direito e Justiça – RFDUCP*, Vol. XV, 2001, Tomo 1, p. 17.

# BIBLIOGRAFIA

**AA**, *Cidadania e Novos Poderes Numa Sociedade Global*, Fundação Calouste Gulbenkian e Publicações Dom Quixote, Lisboa, 2002.

**AGOSTINHO, Santo**, *A cidade de Deus*, (tradução de J. Dias Pereira), 2.ª Ed., Fundação Calouste Gulbenkian, Lisboa, 1996, Vols. I, II e III.

**ALBIN**, Eser e **ARNOLD**, Jörg, "O Direito Penal como reacção às injustiças do sistema", *in Direito Internacional – Para a Protecção dos Direitos Humanos*, Simpósio da faculdade de Direito da Universidade de Coimbra – Goethe-Institut de Lisboa, Fim de Século, 2003.

**ALBUQUERQUE, Paulo Pinto**, *Comentário do Código de Processo Penal à Luz da Constituição da República e da Convenção Europeia dos Direitos do Homem*, Universidade Católica Editora, Lisboa, 2007.

**AMBOS, Kai**, "Impunidade por violação dos direitos humanos e o direito penal internacional", *in Direito Internacional – Para a Protecção dos Direitos Humanos*, Simpósio da faculdade de Direito da Universidade de Coimbra – Goethe-Institut de Lisboa, Fim de Século, 2003.

**ANDRADE, José Carlos Vieira de**, *Os Direitos Fundamentais na Constituição de 1976*, 3.ª edição, Almedina, Coimbra, 2004.

**ANDRADE, Manuel da Costa**, *Actas do Código de Processo Penal*, Assembleia da República – Divisão de Edições, Lisboa, 1999, Vol. II – Tomo II.
- *Sobre os Meios Proibidos de Prova em Processo Penal*, Coimbra Editora, 1992.
- "Sobre o Regime Processual Penal das Escutas Telefónicas", *in RPCC*, Ano I, Fasc. 3, Julho-Setembro, 1991.
- "Escutas Telefónicas como Meio de Obtenção de Prova no Novo Código de Processo Penal de Macau", *in Revista Jurídica de Macau*, Vol. IV, n.º 1, Janeiro/Abril, 1997.

**BARRETO, Mascarenhas**, *História da Polícia em Portugal*, Braga Editora, 1979.

**BECCARIA, Cesare**, *Dos Delitos e das Penas*, (tradução de Lucia Guidicini e de Alessandro Beri Contessa), Martins Fontes, 1991.

**BELEZA, Teresa e ISASCA, Frederico**, *Direito Processual Penal – Textos*, AA-FDL, Lisboa, 1992.

# 186 Manuel Monteiro Guedes Valente

**BELEZA, Teresa** et Alia, *Apontamentos de Direito Processual Penal*, AAFDL, Lisboa, 1995, Vol. III.

**BELEZA, Teresa**, *Actas do Código de Processo Penal*, Assembleia da República – Divisão de Edições, Lisboa, 1999, Vol. II – Tomo II.

– *"A prova"*, in Apontamentos de Direito Processual Penal, *AAFDL, 1992, II Volume.*

**BLANC, Mafalda de Faria**, *Estudos Sobre o Ser*, Fundação Calouste Gulbenkian, Lisboa, 1998.

– Estudos Sobre o Ser II, *Fundação Calouste Gulbenkian, Lisboa, 2001.*

**BORGES, Marques e FOUTO, A. Proença**, *Inquérito Policial – Inquérito Preliminar – Comentário ao Decreto-Lei 377/77, de 6 de Setembro*, Lisboa, 1978.

**BOULOC, Bernard e STEFANI, Gaston e LEVASSEUR**, Georges, *Procédure Pénale*, Dalloz, Paris, 15ª Edition.

**CANOTILHO, J. J. Gomes e MOREIRA, Vital**, *Constituição da República Portuguesa Anotada*, 3ª Ed., Coimbra Editora, 1993.

– *Constituição da República Portuguesa Anotada*, 4.ª edição, Coimbra Editora, Coimbra, 2007, Vol. I.

**CANOTILHO, J. J. Gomes**, *Direito Constitucional e Teoria da Constituição*, 3.ª Edição, Almedina, 2000 (e 7.ª Edição, 2003).

– *Direito Constitucional e Teoria da Constituição, Almedina, Coimbra, 1999.*

– *Estado de Direito, Gradiva, 1999.*

– "Teoria da legislação Geral e Teoria da Legislação Penal", in Estudos em Homenagem ao Professor Eduardo Correia, BFD, Universidade de Coimbra.

– "Métodos de protecção de direitos, liberdades e garantias", *in Boletim da Faculdade de Direito da Universidade de Coimbra*, Volume Comemorativo – n.º 75 –, 2003.

**CARLIN, Volmei Ivo,** "COMUNICAÇÕES: Invasão da Privacidade pela Escuta Telefónica", *in Jurisprudência Catarinense*, Ano XV, 2.º Trimestre de 1987, n.º LVI, Florianópolis – SC.

**CARVALHO**, Américo Taipa de, Direito penal – Parte Geral – Questões Fundamentais, Publicações da Universidade Católica, Porto, 2003.

**COLOMER, Juan-Luis Gomez**, *El Processo Penal Aleman, Introducion y Normas Basicas*, Bosch, Casa Editorial, AS, Barcelona, 1985.

**CONDE, Francisco Muñoz**, "Prólogo a la Edición española", *in La Ciencia del Derecho Penal ante el Nuevo Milenio*, Tirant lo Blanch, Valencia, 2004.

**COSTA, José de Faria,** "As Relações entre o Ministério Público e a Polícia: A Experiência Portuguesa", *in BFD*, Coimbra, Vol. LXX, 1994.

– *Direito Penal da Comunicação – Alguns Escritos*, Coimbra Editora, 1998.

**CROZAFON, Jean-Luc**, "A questão sempre em suspenso do regime jurídico das escutas telefónicas", in Revista Forense, Vol. 308, Ano 85, Outubro-Novembro-Dezembro, 1989.

*Escutas Telefónicas – da excepcionalidade à vulgaridade*     187

**CUNHA, José Manuel Damião da**, *O Ministério Público e os Órgãos de Polícia Criminal no Novo Código de Processo Penal*, Estudos e Monografias da Universidade Católica, Porto, 1993.
– Do Caso Julgado Parcial, *PUC, Porto, 2002.*
– *"Dos Meios de Obtenção de Prova Face à Autonomia Técnica e Táctica dos Órgãos de Polícia Criminal"*, in II Congresso de processo Penal – Memórias, (coord. MANUEL M. G. VALENTE), Almedina, Coimbra, 2006.

**DEMAS-MARTY, Mireille**, *"A Caminho de um Modelo Europeu de Processo Penal"*, *in RPCC*, Ano 9, Fasc. 2.º, Abril-Junho de 1999.
– Corpus Juris, *(Direcção), Economica, Paris.*

**DIAS, Jorge de Figueiredo**, *" Sobre os Sujeitos Processuais no Novo CPP"*, in *Jornadas de Direito Processual Penal, o Novo CPP*, Almedina, 1995.
– "A Protecção dos Direitos do Homem no Processo Penal Português", *in BMJ, n.º 291.*
– "Do princípio da «objectividade» ao princípio da «lealdade» do comportamento do Ministério Público no Processo Penal", *(Anotação ao AC. STJ n.º 5/94, Proc. n.º 46444) in RLJ, Ano 128, n.º 3860.*
– "Princípios estruturantes do processo penal", *in Código de Processo Penal, Actas da Assembleia da República, Vol. II.*
– *Direito Processual Penal*, Coimbra Editora, L.da, 1981.
– *Direito Processual Penal*, lições coligidas por Maria João Antunes, Coimbra Editora, 1988-9.
– *A Revisão Constitucional, o Processo Penal e os Tribunais*, Livros Horizonte, 1981.
– *Direito Processual Penal*, Coimbra Editora, 1981.

**DORRINGTON, Rosa M. Gutiérrez**, "El Derecho a la Intimidad en Puerto Rico y la Ley sobre Grabaciones de Conversaciones no telefónicas", *in Revista de Derecho Puertorriqueño*, Vol. 33, n.º s 2-3, 1993.

**DUHAMEL, Olivier e MENY, Yves**, *Dictionnaire Constitucionnel*, Puf, Paris, 1992.

**ESCALONA, Antonio Nicolás Marchal**, «Videovigilancia e Intimidad", *in Revista de Documentación del Ministerio del Interior*, n.º 20/Enero-Abril, 1999.

**ESCARAMEIA, Paula**, "Preludios de uma nova ordem mundial: O Tribunal Penal Internacional", *in Direito Internacional – Para a Protecção dos Direitos Humanos*, Simpósio da faculdade de Direito da Universidade de Coimbra – Goethe-Institut de Lisboa, Fim de Século, 2003.

**FERNANDES, Luís Fiães e VALENTE, Manuel Monteiro Guedes**, *Segurança Interna: Reflexões e Legislações*, Almedina, Coimbra, 2005.

**FERRAJOLI, Luigi**, "Jurisdição e democracia", *in RMP*, Ano 18.º, Out./Dez., 1997, n.º 72.

**FERREIRA, Manuel de Cavaleiro**, *Direito Penal Português*, Verbo, Lisboa / S. Paulo, 1982, Vol. I.
– *Curso de Processo Penal I,* Reimpressão da U. Católica, *1981.*
– *Direito Penal Português,* Editorial Verbo, Lisboa/ S. Paulo, *1982, Vol. I.*
– *Curso de Processo Penal,* Editora Danúbio, L.da, 1986, Vol. 1.º.
**FOUCAULT, Michel,** *Vigiar e Punir,* 21.ª Edição, Editora Vozes, Petrópolis, 1999.
**GILISSEN, John,** *Introdução Histórica ao Direito*, 4.ª Edição, Fundação Calouste Gulbenkian, Lisboa, 2003.
**GOMES, D. António Ferreira,** "A sociedade e o Trabalho: Democracia, Sindicalismo, Justiça e Paz", *in Direito e Justiça,* Vol. I, 1980.
**GONÇALVES, M. L. Maia,** "Os meios de prova", *in Jornadas de Direito Processual Penal, ou CPP,* CEJ, Almedina, 1995.
– *Código de Processo Penal Anotado,* 12.ª Edição, Almedina, Coimbra, 2001.
– *Código de Processo Penal Anotado,* 3.ª Edição, Almedina – Coimbra, 1990.
**GUERRIER, Claudine,** "Ecoutes Téléphoniques et protection de la vie privée (loi du juillet 1991) », *in Droit de l'Informatique et les Télécoms,* D.1.T., 91/3.
**GOUVEIA, Jorge Bacelar**, *Manual de Direito Constitucional*, Almedina, Coimbra, 2005, Vol. II.
**HASSEMER, Winfried**, *A Segurança Pública no Estado de Direito*, AAFDL, Lisboa, 1995.
– *História das Ideias Penais na Alemanha do Pós-Guerra,* AAFDL, Lisboa, 1995.
– *La Responsabilidad por el Producto en Derecho Penal,* (Co-autoria com FRANCISCO MUÑOZ CONDE), Tirant lo Blanch Alternativa, Valencia, 1995.
– *Persona, Mundo y Responsabilidad*, (tradução de Francisco Muñoz Conde e de M.ª del Mar Díaz Pita), Tirant lo Blanch Alternativa, Valencia, 1999.
– *Fundamentos del Derecho Penal,* (tradução de Francisco Muñoz Conde e de Luis Arroyo Zapatero), Bosch, Casa Editorial, S. A., Barcelona, 1984.
– *Introductión a la Criminología y al Derecho Penal,* (Co-autoria com FRANCISCO MUÑOZ CONDE), Tirant lo Blanch Alternativa, Valencia, 1989.
– "La ciencia jurídico penal en la Republica Federal Alemana", *in Anuario de Derecho Penal y Ciencias Penales,* do Ministerio de Justicia, Tomo XLVI, Fascículo I, Enero-Abril, MCMXCIII.
– "Rasgos y crisis del Derecho Penal moderno"*, in Anuario de Derecho Penal y Ciencias Penales,* do Ministerio de Justicia, Tomo XLV, Fascículo I, Enero-Abril, MCMXCII.
– "Alternativas al principio de culpabilidad?", *in Cuadernos de Política Criminal, Instituto Universitario de Criminología – Universidad Complutense de Madrid,* n.º 18, 1982.
**HORST, Harthmuth**, Os Limites da Prevenção Criminal à Luz dos Direitos do Homem, *in Revista Portuguesa de Ciência Criminal*, ano 8, 1998.

## Escutas Telefónicas – da excepcionalidade à vulgaridade   189

**IBÁÑEZ, Perfecto Andrés**, "Por um Ministério Público «dentro da legalidade»", *in RMP*, Ano 18.º, Abril/Junho, 1997, n.º 70.

**ICHINO, Giovanna**, « Alcuni Spunti di Riflessione sul Tema delle Indagini Preliminari », *in Rivista Italiana di Diritto e Procedura Penale*, Milano – Doitt. A. Giuffrè Editore, Ano XXXVI, Fasc. 2 – Aprile-Giugno, 1993, pp. 691 e ss..

**JESCHECK, Hans Heintiche e WEIGEND, Thomas**, *Tratado de Derecho Penal – Parte General*, 5.ª edição (Tradução do Almemão de MIGUEL O. CARDENETE), Comares Editores, Granada, 2002.

**KAFKA, Franz**, *O Processo*, (tradução de Gervásio Álvaro), ACJ – Biblioteca Visão, 2000.

**KAYSER, Pierre e REMOUX, Thierry S.**, « « L'Autorité Judiciaire et la Loi: à propos des écoutes téléphoniques (Notes sous Paris, 1.re chambre d'accusation, 18 octobre 1990) », *in Revue Française de Droit Constitutionnel*, n.º 6, 1991.

**KALECK, Wolfgang**, "Crimes Internacionais perante Tribunais Nacionais de Terceiros", *in Direito Internacional – Para a Protecção dos Direitos Humanos*, Simpósio da faculdade de Direito da Universidade de Coimbra – Goethe-Institut de Lisboa, Fim de Século, 2003.

**KAUFMANN, Arthur e HASSEMER, Winfried** (Org.), *Introdução à Filosofia do Direito e à Teoria do Direito Contemporâneas*, (tradução de António Manuel Hespanha), Fundação Calouste Gulbenkian, Lisboa, 2002.

**LARGUIER, Jean,** *La Procédure Pénale*, Presses Universitaires de France, 1976.

**LEAL – HENRIQUES, Manuel e SANTOS, Manuel Simas e PINHO, David Borges de,** *Código de Processo Penal vAnotado*, Rei dos Livros, Lisboa, 1996, Vol. I e Vol. II..

– Escutas telefónicas – Questões em Aberto, *Conferência Proferida em Macau, no dia 17 de Dezembro de 2003.*

**LEITE, André Lamas,** *"Entre Péricles e Sísifo: O Novo Regime Legal das Escutas Telefónicas"*, *in RPCC*, Ano 17, n.º 4.

**LEONE, Giovanni,** *Manuale di Diritto Processuale Penale*, Jovene Editore, 1988.

**LOCKE, John,** *Ensaio Sobre o Entendimento Humano*, (tradução de Eduardo Abranches de Soveral, Gualter Cunha e Ana Luísa Amaral), Fundação Calouste Gulbenkian, Lisboa, 1999, Vols. I e II.

**LOPES, José Mouraz,** *Garantia Judiciária no Processo Penal*, Coimbra Editora, 2000.

**LOURENÇO, Eduardo**, "O Tempo da Justiça", *in O Esplendor do Caos*, Gradiva, Lisboa, 1999.

**MARTÍNEZ, Ricard Martínez,** Los Ficheiros de datos y archivos de imágenes policiales en la legislación italiana. Análisis de las resolucines dictadas por el garante italiano para la protección de los datos personales", *in Revista Española de Derecho Constitucional – Centro de estudios Políticos y Constitucionales*, n.º 60, Año 20, Septiembre/Deciembre, 2000.

**MATA-MOUROS, Maria de Fátima**, *Sob Escuta – Reflexões sobre o problema das escutas telefónicas e as funções do juiz de instrução criminal*, Principia, Estoril, 2003.

**MAXIMIANO, Rodrigues**, *"A Constituição e o Processo Penal – Competência e Estatuto do Ministério Público, Do Juiz de Instrução Criminal e do Juiz Julgador – A Decisão Sobre o Destino dos Autos e os Artigos 346.º e 351.º do C.P.P."*, in *RMP*, ano 2, Vol. 5, 1981.

**MEIREIS, Augusto Manuel Alves**, *O Regime das Provas Obtidas pelo Agente Provocador em Processo Penal*, Almedina, Coimbra, 1999.

**MENDES, João**, *O Processo Criminal Brasileiro*, Vol. 1.

**MESQUITA, Paulo Dá**, *Direcção do Inquérito Penal e Garantia Judiciária*, Coimbra Editora, Coimbra, 2003.

**MIRANDA, Jorge**, *"O Regime dos Direitos, Liberdades e Garantias"*, in *Estudos Sobre a Constituição*, Livraria Petrony, Lisboa, 1979, 3.º Vol.
– Manual de Direito Constitucional, *Coimbra Editora, 1998, vol. IV.*

**MONTE, Mário Ferreira**, "O registo de Voz e de Imagem no âmbito da criminalidade Organizada e Económico-Financeira – Lei n.º 5/2002, de 11 de Janeiro", in *Medidas de Combate à Criminalidade Organizada e Económico--Financeira*, CEJ, Coimbra Editora, 2004.
– "A Intercepção e Gravação de Conversações e Comunicações. O Registo de Voz e de Imagem. Alguns Aspectos Relevantes do Actual Sistema Processual Penal", in *Medidas de Combate à Criminalidade Organizada e Económico-Financeira*, CEJ, Coimbra Editora, 2004.
– "Intermitências Discursivas-Jurisprudenciais e Legislativas – A Propósito das Escutas Telefónicas em Processo Penal", in *III Congresso de Processo Penal – Memórias*, Almedina, 2008 (no prelo).

**MOURA, José Souto de**, " Inquérito e Instrução", in *Jornadas de Direito Processual Penal / O novo Código de Processo Penal*, CEJ, Livraria Almedina, Coimbra, 1995.
– "A Questão da Presunção de Inocência do Arguido", *in RMP, n.º 42*, ano 11.º.
– "Dignidade da pessoa e poder judicial", in *RMP*, Ano 18.º, Abril/Junho, 1997, n.º 70.

**NAZARETH, Duarte**, *Elementos do Processo Criminal*, Coimbra, na Imprensa da Universidade, 2.ª Ed., 1849.

**NEVES, A. Castanheira**, *Digesta – Escritos acerca do Direito, do Pensamento Jurídico, da sua Metodologia e Outros*, Coimbra Editora, 1995, Vols. 1.º e 2.º.

**NOGUEIRA, Maria José**, "Policias: Segurança; Investigação Criminal; Limites", *in Humanos e Eficácia Policial. Sistemas de Controlo da Actividade Policial*, IGAI, 1998.

**ORTIGÃO, Ramalho**, "A Prisão Penitenciária – Cuidados de que é Objecto o Facínora – O Crime e a Instrução – As Ideias Morais e o Direito do Trabalho", in *Antologia – As Farpas*, Vol. XIV.

*Escutas Telefónicas – da excepcionalidade à vulgaridade*     191

**PAULUS, Andreas L.,** "Do direito dos estados ao Direito da Humanidade", *in Direito Internacional – Para a Protecção dos Direitos Humanos,* Simpósio da faculdade de Direito da Universidade de Coimbra – Goethe-Institut de Lisboa, Fim de Século, 2003.

**PÉREZ, Francisco Alonso,** *Medios de Investigación en el Proceso Penal,* 2.ª Edición, Dykinson, Madrid, 2003.

**PIMENTA, José da Costa,** *Introdução ao Processo Penal,* Almedina, Coimbra, 1989.

**PINTO, A. A. Tolda,** *A Tramitação Processual Penal,* Coimbra Editora, Coimbra, 2001.

**PRADEL, Jean,** *L'Instruction Préparatoire,* Éditions Cujas, Paris.
– «Écoutes Téléphoniques et Convencion européenne des droits de l'homme», *in Recueil Dalloz Sirey de Doctrine de Jurisprudence et de Législation, Année 1990.*

**RAWLS, John,** *Uma Teoria da Justiça,* (tradução de Carlos Pinto Correia), Editorial Presença, Lisboa, 1993.

**REIG, Carlos Padrós,** "Videogigilancia y Estado Autonomico – Comentario a proposito de la actividad normativa de despliegue de la ley organica 4/1997", *in Revista de Adiminstración Pública – Centro de Estudios Políticos y Constitucionales,* n.º 151, Enero/Abril, 2000.

**RODRIGUES, Álvaro G. da Cunha,** *"Controlo Garantístico dos Direitos do Arguido pelo Juiz de Instrução",* in *Direito e Justiça,* Vol. XIII, Tomo 3, (1999).

**RODRIGUES, Anabela Miranda e DIAS, Jorge Figueiredo,** *"La phase dicisoire du jugement dans la Procédure Penale Portuguaise",* in *Revue Internationale de Droit Pénal,* 3.º e 4.º Trimestres, 1986.

**RODRIGUES, Anabela Miranda,** "A Celeridade do processo penal – Uma Visão de Direito Comparado", *in Actas de revisão do Código de Processo Penal,* Assembleia da República – Divisão de edições, 1999, Vol. II – Tomo II.
– "O Inquérito no Novo Código de Processo Penal", *in Jornadas de Direito Processual Penal – O Novo Código de Processo Penal, CEJ,* Almedina, Coimbra, 1995.
– "Os Processos Sumário e Sumaríssimo ou a Celeridade e o Consenso no Código de Processo Penal", in RPCC, Ano 6 (1996), Fasc. 4.
– *Código de Processo Penal – Processo Legislativo – Actas,* Assembleia da República, Lisboa, Vol. II – Tomo II.
– "A fase Preparatória do processo penal – tendências na Europa. *O caso português", in STVDIA IVRIDICA,* n.º 61, Coimbra Editora.
– "Princípio da jurisdição penal universal e Tribunal Internacional", *in Direito Internacional – Para a Protecção dos Direitos Humanos, Simpósio da Faculdade de Direito da Universidade de Coimbra – Goethe-Institut de Lisboa,* Fim de Século, 2003.

192     *Manuel Monteiro Guedes Valente*

- "O Tribunal Penal Internacional e a prisão perpétua – que futuro?", *in Direito e Justiça – RFDUCP,* Vol. XV, 2001, Tomo 1.
- "Política Criminal – Novos Desafios, Velhos Rumos", *in Liber Discipulorum para Jorge de Figueiredo Dias,* Coimbra Editora, 2003.
- "Criminalidade Organizada – Que Política Criminal?", *in Boletim da Faculdade de Direito da Universidade de Coimbra – STVDIA IVRIDICA, N.º 73, Colloquia 12, pp. 191 e ss. e* in THEMIS *– Revista da Faculdade de Direito da UNL, Ano IV – n.º 6 – 2003.*
- "O papel dos sistemas legais e a sua harmonização para a erradicação das redes de tráfico de pessoas", *in RMP,* Ano 21.º, Out./Dez., 2000, n.º 84.
- *Para uma política Criminal Europeia, (co-autoria de JOSÉ LUIS LOPES DA MOTA)* Coimbra Editora, 2002.
- *O Direito Penal Europeu Emergente,* Coimbra Editora, Coimbra, 2008.

**RODRIGUES, J. N. da Cunha,** *Em Nome do Povo,* Coimbra Editora, 1999.
- *Lugares do Direito,* Coimbra Editora, 1999.

**ROXIN, Claus,** *Politica Criminal y Sistema del Derecho Penal,* 2.ª Edição (1.ª Reimpressão), (Trad. do Alemão de FRANCISCO MUÑOZ CONDE), Hammurabi, Buenos Aires, 2002.
- *Derecho Procesal Penal,* (Tradução do Alemão de GABRIELA E. CÓRDOBA e de DANIEL R. PASTOR), Editores del Puerto, Buenos Aires, 2000.

**SILVA, Germano M. da,** *Curso de Processo Penal,* 2.ª Ed., Verbo, Lisboa/S. Paulo, 2000,Vol. II e Vol. III.
- *Curso de Processo Penal,* 2.ª Ed., Verbo, Lisboa/S. Paulo, 2000,Vol. III.
- *Ética Policial e Sociedade Democrática,* Ed. do ISCPSI, Lisboa, 2001.
- " Da inconstitucionalidade do Inquérito preliminar", *in Direito e Justiça,* Vol. I, 1980.
- *"*A Prescrição dos Processos Penais" *in Forum Iustitiae, Direito & Sociedade,* Ano I, Abril 2000, n.º 10.
- "Bufos, Infiltrados, Provocadores e Arrependidos", *in Direito e Justiça,* F.D.U. Católica, Vol. VIII, T. 2, 1994.
- "Ôs Princípios Gerais do Processo Penal e CRP", *in Direito e Justiça,* RFCHUCP, 1987/88, Vol. III.
- *Curso de Processo Penal,* 1.ª e 4.ª Edição, 1993/ 2000, Vol. I.
- *Curso de Processo Penal,* Editorial Verbo, 1.ª e 2.ª Edição, 1993/1999, Vol. II.
- *Do Processo Penal Preliminar,* UCP, 1990.
- Entrevista à Visão, *n.º 371,* 20 a 26 de Abril de 2000.

**TEIXEIRA, António Braz,** *Sentido e Valor do Direito,* Imprensa Nacional – Casa da Moeda, 2.ª Ed., 2000.

**TOCQUEVILLE, Alexis,** *Da Democracia na América,* (Tradução de CARLOS CORREIA M. DE OLIVEIRA), Principia, S. João do Estoril, 2002.

**TORGA, Miguel,** *Novos Contos da Montanha,* 5.ª Edição, Coimbra, 1967.
- Antologia Poética, *2.ª Edição, Coimbra, 1995.*

## Escutas Telefónicas – da excepcionalidade à vulgaridade 193

**TORNAGHI, Hélio**, *Curso de Processo Penal*, Editora Saraiva, 4.ª Edição, S. Paulo, 1987.

**URDÍNGUIO, Ana González e LEÓN, M.ª A. González Gutiérrez de**, "La Videovigilancia en el Sistema democrático español: Análisis y crítica de la Ley Orgánica 4/1997, de 4 de Agosto, por la que se regula la utilización de videocámaras por las Fuerzas y Cuerpos de Seguridad en lugares públicos", *in Revista de la Facultad de Derecho Universidad Complutense*, Curso 1997-1998, Madrid, 1998.

**VALENTE, Manuel Monteiro Guedes, ALVES, Manuel João e GONÇALVES, Fernando**, *Lei e Crime: O Agente Infiltrado e o Agente Provocador – Os Princípios do processo Penal*, Almedina, Coimbra, 2001.

– *O Novo Regime Jurídico do Agente Infiltrado Anotado e Comentado, Almedina, Coimbra, 2001.*

**VALENTE, Manuel Monteiro Guedes**, "A Investigação Criminal Como Motor de Arranque do Processo Penal", *in Polícia Portuguesa*, ano LXIII, n.º 123, MAR/ABR, 2000.

– "Os princípios democrático e da lealdade: Vectores de orientação dos órgãos de polícia criminal", *in Polícia Portuguesa, Ano LXIII, II Série,* n.º 124, Julho /Agosto de 2000.

– *Regime Jurídico da Investigação Criminal Comentado e Anotado,* Almedina, Coimbra, 2003 (1.º Ed.) e 2004 (2.ª Ed.).

– *Revistas e Buscas,* Almedina, Coimbra, 2003.

– *Da Publicação da Matéria de Facto nos Processos Disciplinares,* Edição do ISCPSI, Lisboa, 2000.

– *Do Mandado de Detenção Europeu*, Almedina, Coimbra, 2006.

– Conhecimentos Fortuitos. A Busca de um Equilíbrio Angelicano, Almedina, Coimbra, 2006.

– "El Sistema de Seguridad Interior Português. Breve Reflectión", *in Revista de Seguridad Publica* – Cuadernos de La Guarda Civil, N.º XXXVI, Año 2007, 2.ª Epoca.

– *Teoria Geral do Direito Policial* – Tomo I, Almedina, Coimbra, 2005.

– *Processo Penal* – Tomo I, Almedina, Coimbra, 2004.

– "La Cooperación en Materia Processual Penal. Los Engaños y las Ilusiones Formales de los Instrumentos Jurídicos Europeos e Internacionales", *in Diario La Ley*, Año XXIX, n.º 6914, 31 de Março de 2008.

– "Investigación del Crimen Organizado. Entrada y Registro en Domicilios, El Agente Infiltrado y la Intercepción de Las Comunicaciones", *in Dos Décadas de Reformas Penales*, Ed. Comares, Granada, 2008

– "Dos delitos Contra a Economia e Contra a Saúde Públicas: a actuação dos OPC face ao novo quadro legal da Investigação Criminal", *in Revista Polícia Portuguesa, n.º 135.º, Maio/Junho de 2002.*

- "A segurança como tarefa fundamental do Estado de Direito Democrático", *in Revista Polícia Portuguesa*, n.º 125.º, Setembro/Outubro de 2000.
- "Cooperação Policial: Viagem inacabada!", *in Cooperación Policial y Judicial en Materia de Delitos Financieros, Fraude y Corrupción*, Aquilafuente – Ediciones Universidad de Salamanca, n.º 40, 2002.
- "Perspectiva Técnico Jurídica da importância da segurança para a economia", *in Meridionália* – Revista da Universidade Moderna do Polo de Beja, *n.º 3, 2003.*
- "Natureza da actuação policial", *in Revista Polícia Portuguesa*, n.º 134.º, Março/Abril de 2002.
- "A Publicidade da matéria de facto", *in Direito e Justiça* – RFDUCP, Vol. XV, Tomo 1, 2001.
- *Dos Órgãos de Polícia Criminal – Natureza, Intervenção, Cooperação*, Almedina, Coimbra, 2004.

**VERDELHO, Pedro**, "Apreensão de Correio Electrónico em Processo Penal", *in Revista do Ministério Público*, Ano 25, OUT-DEZ, n.º 100, 2004.
- "A Reforma Penal Portuguesa e o Cibercrime", *in Revista do Ministério Público,* Ano 27, OUT-DEZ, n.º 108, 2006.

**VITORINO, António**, *Carta dos Direitos Fundamentais da União Europeia*, Princípia, S. João do Estoril, 2002.

**ZENHA, Francisco Salgado,** *Notas sobre a Instrução Criminal*, Universidade do Minho, Braga, 2002.

# INDICE

PREFÁCIO À 2.ª EDIÇÃO .................................................................. 7

PREFÁCIO .................................................................................... 9

Capítulo I – INTRODUÇÃO ............................................................ 15

1. Breves considerações ............................................................... 15
2. Concepção ............................................................................. 20
3. Meio de obtenção de prova *versus* informações secretas ............... 26
4. Um olhar da política criminal .................................................... 28

Capítulo II – RESENHA HISTÓRICA ............................................... 37

5. Direito Constitucional – Evolução ............................................. 37
6. Direito Processual Penal ........................................................... 46

Capítulo III – REGIME JURÍDICO ................................................. 57

7. Meio excepcional de investigação: fundamentos .......................... 57
8. Legitimidade e a «demanda da segurança» .................................. 70
9. Admissibilidade e formalidades do recurso à realização das escutas telefónicas 74
10. Fiscalização e controlo ........................................................... 83
11. Limites expressos e imanentes ................................................. 90
12. Extensão do regime das escutas telefónicas ............................... 94
13. Da Localização Celular (Meio de Obtenção de Prova ou Medida Cautelar e de Polícia) .......................................................................... 100
14. O registo de voz (*off*) e de imagem ......................................... 107
15. Da intercepção (controlo) de comunicações no quadro da segurança interna .... 110
16. Valoração probatória ............................................................. 113
   a. Considerações gerais ........................................................... 113
   b. Dos «conhecimentos fortuitos» ............................................. 116
17. Proposta de Alteração do Código de Processo Penal de 2004 ....... 127

# 196 Manuel Monteiro Guedes Valente

Capítulo IV – COLISÃO COM DIREITOS FUNDAMENTAIS ....................... 133

18. Considerações gerais ................................................................................... 133
19. Princípios do art.º 18.º CRP ....................................................................... 133
20. Direito fundamentais afectados .................................................................. 140
    i. directamente:
        a. reserva da intimidade da vida privada ..................................................... 140
        b. inviolabilidade das telecomunicações ..................................................... 142
        c. inviolabilidade de outras comunicações ................................................. 144
        d. direito à palavra ...................................................................................... 144
    ii. indirectamente e/ou a posteriori:
        a. honra: bom nome e reputação ................................................................. 145
        b. imagem .................................................................................................... 146
21. Tutela Jurídico – Constitucional ................................................................. 147
22. Tutela Jurídico – Civil ................................................................................. 148
23. Tutela Jurídico – Administrativo ................................................................ 149
24. Tutela Jurídico – Criminal .......................................................................... 149

Capítulo V – DIREITO INTERNACIONAL E EUROPEU ................................. 151

25. Direito Internacional ................................................................................... 151
    a) Declaração Universal dos Direitos do Homem ........................................ 151
    b) Pacto Internacional dos Direitos Civis Políticos ..................................... 152
    c) Lei de cooperação judiciária em matéria penal ...................................... 153
    d) Convenção de Palermo ............................................................................ 154
26. Direito Europeu ........................................................................................... 156
    a) Convenção Europeia dos Direitos Homem .............................................. 156
    b) Carta dos Direitos Fundamentais da União Europeia .............................. 157
    c) Schengen .................................................................................................. 158
    d) Convenção elaborada pelo Conselho no âmbito do art. 34.º do TUE – Auxí-
        lio Mútuo em Matéria Penal entre Estados-Membros da União Europeia .. 159
    e) Código Penal e de Tramitação Penal Europeu – futuro? ......................... 163

Capítulo VI – PARA UM FUTURO PROCESSO PENAL EUROPEU ............... 167

27. Supremacia do homem sujeito ou do homem objecto ................................ 167
28. Obtenção e Circulação da prova ................................................................. 168
29. Banco de dados para futuras investigações ................................................ 169
30. (Ou) Devassa Ilimitada ............................................................................... 170

Capítulo VII – A TUTELA (DES) JUDICIALIZANTE ...................................... 171

31. Caminhos Possíveis ..................................................................................... 171
    a) Tutela jurisdicional ab initio ad terminum do processo ........................... 171
    b) Desjudicialização – modelo anglo-saxónico – controlo e fiscalização hierár-
        quica ......................................................................................................... 172
    c) Policialização com controlo externo ........................................................ 173
32. Reforço de um novo rumo ........................................................................... 174

# Escutas Telefónicas – da excepcionalidade à vulgaridade    197

Capítulo VIII – RUMO À DEMOCRATICIDADE E À LEALDADE DO MEIO
DE OBTENÇÃO DE PROVA – Escutas telefónicas ..................... 175

33. A prova e os direitos fundamentais ................................................. 175
34. A valorização da prova obtida por escuta telefónica ........................ 176
35. Que prova: indiciadora e/ou absolutória ......................................... 176
36. A preocupação hassemeriana ........................................................ 177

Capítulo IX – CONCLUSÕES ............................................................ 181

37. A «demanda da segurança» induz à vulgarização? ........................... 181
38. A defesa da policialização dos meios de obtenção de prova induz ao arbítrio? 181
39. A prevalência do primado da liberdade ......................................... 182

BIBLIOGRAFIA .............................................................................. 185